DRAMA UN DYN

HUNANGOFIANT TONY JONES

Drama Un Dyn

HUNANGOFIANT TONY JONES

(gyda chymorth Tudur Huws Jones)

Mae geiriau mor hardd â cheffylau gwyllt,
a'r un mor hawdd i'w ffrwyno.

ISBN 978-1-907424-99-1

Cyhoeddwyd gyda chymorth ariannol
Cyngor Llyfrau Cymru.

Llun y clawr: Richard Jones
Dylunydd y clawr: Sion Ilar
Englynion ar ddechrau'r penodau: Robin Hughes

Cyhoeddwyd ac argraffwyd gan
Wasg y Bwthyn, Caernarfon
gwasgybwthyn@btconnect.com
01286 672018

Tony yn gyfaill tyner, – ag Audrey
Yn gydradd, dau bartner
di-fraw, diddanwyd llawer;
I mi, mae actio'n eu mêr.

Machraeth

PROLOG

Roedd hi'n ddiwrnod poeth o haf, a finnau'n chwysu chwart-iau yn fy lifrai coch a fy het fawr ddu. Het groen arth oedd hi, meddan nhw, ond fuasach chi byth yn dweud hynny wrth ei gweld hi ar fy mhen. Yn un peth, roedd hi'n llyfn ac yn sgleinio yn yr heulwen, nid fel croen unrhyw arth wyllt, am wn i. Dwi ddim yn arfer gwisgo felly, dwi'n prysuro i ddweud, ond ar y diwrnod arbennig hwnnw, roeddwn i ar ddyletswydd diogelwch – ia, *guard duty* – ac roeddwn i'n sefyll y tu allan i Dŵr Llundain o bob man, yn aelod o'r Gwarchodlu Cymreig pan dynnwyd fy sylw gan ddwy ferch fach.

Roeddem ni'n gorfod sefyll yno am awr neu ddwy awr ar y tro fel arfer, ac yna'n cael rhyw bedair awr o seibiant, cyn mynd yn ôl am bwcs eto. Ac felly yr oedd hi, rownd y cloc, glaw neu hindda, am ddau ddiwrnod solet pan oedd eich tro chi i fod ar ddyletswydd. Yr unig beth a oedd yn newid oedd wynebau'r ymwelwyr a ddeuai heibio yn eu miloedd, ac roedd hynny'n torri ar y diflastod, er mai syllu'n syth o'n blaenau fel delwau yr oeddem ni drwy'r amser. Roedd o'n ddigon tebyg i ddrama mewn ffordd – rhywbeth y byddwn yn dod yn gyfarwydd iawn ag o ymhen blynyddoedd i ddod, trwy Theatr Fach Llangefni. Rydw i wedi bod yn aelod o'r criw yno ers dros 40 mlynedd, yn actio ac yn cael pleser di-ben-draw yn sgwennu a chynhyrchu dramâu, ac yn addasu ambell glasur

7

o lyfr ar gyfer y llwyfan. Mi gewch chi glywed mwy am hynny yn y man, ac am fy niddordeb mawr arall: bridio ceffylau Shetland. Ond yn ôl at y Gwarchodlu Cymreig . . .

Weithiau byddwn ar ddyletswydd o flaen Palas Buckingham, a'r un oedd y dasg yn fanno – sefyll yn berffaith lonydd, heb yngan gair na gwneud unrhyw fath o ystum am ddwy awr ar y tro. Roedd hi'n dipyn o gamp, coeliwch chi fi, ac roedd angen canolbwyntio drwy'r amser er mwyn peidio ag ymateb i ambell un a oedd yn ceisio'ch dal chi allan trwy ofyn cwestiwn, gwenu, neu'n fwy tebygol, drwy dynnu stumiau arnoch chi.

Dyna oedd y ddwy ferch fach yn ei wneud tu allan i Dŵr Llundain ar y diwrnod dan sylw. Yn hynny o beth, doeddan nhw'n ddim gwahanol i ugeiniau o blant eraill a oedd yn hoff o'ch herian. Ond roedd un gwahaniaeth – roedd y ddwy yma'n siarad Cymraeg.

Acen ogleddol oedd ganddyn nhw, ac roeddwn i'n ysu i gael dweud rhywbeth wrthyn nhw, er mwyn gweld eu hymateb. Mi fuasai eu hwynebau'n bictiwr dwi'n siŵr, ond doedd fiw i mi wneud ffasiwn beth wrth gwrs. Tua deg oed oeddan nhw, fuaswn i'n dweud, a dyma un yn codi ei bawd at ei thrwyn a chwifio'i bysedd yn ôl ac ymlaen mewn ystum chwareus i drio cael ymateb gen i. Dwi ddim yn siŵr ai chwaer neu ffrind oedd yr ail ferch fach, ond mi ddechreuodd honno wneud yr un modd ymhen dipyn, nes i'r fam sylwi a gafael yn y ddwy a mynd â nhw oddi yno. Ond mi glywais un yn gofyn i'r fam:

'Pwy oedd hwnna d'wch, Mam?' amdanaf fi.

'Wn i ddim,' meddai hi, 'mab rhyw Lord neu'i gilydd mae'n siŵr sti.'

Petai hi ddim ond yn gwybod mai gwladwr a gwerinwr a aned ar ddyddyn bychan ym mherfeddion gogledd-orllewin Môn oeddwn i. Fuaswn i ddim haws â dweud wrthi mai o

8

Elim yr oeddwn i'n hanu – mae fanno yn ddiarth i rai o bobl Môn hyd yn oed. Pentref bychan, bach: rhyw fymryn o dai, un capel, a blwch ffôn rhwng Llanddeusant a Llyn Alaw ydi Elim, a'r lle agosaf at Fedd Branwen, yr heneb enwog ar lan Afon Alaw.

1958 oedd y flwyddyn dan sylw uchod, ac roeddwn i'n gwneud fy Ngwasanaeth Cenedlaethol – y *National Service*. Mi wnes i dair blynedd yn y Gwarchodlu Cymreig, ac mae gan y gatrawd, a ddathlodd ei chanmlwyddiant yn 2015, le annwyl iawn yn fy nghalon fyth ers hynny. Yn wahanol i nifer, mi wnes i fwynhau'r Gwasanaeth Cenedlaethol. Do wir! Mi ges i amser gwych yn y fyddin ac mae gen i stôr o atgofion a straeon am y cyfnod, yn cynnwys un digwyddiad go amheus pan oeddwn i ar ddyletswydd y tu allan i Balas Buckingham un noson. Cewch wybod mwy am hynny yn nes ymlaen!

Golygfa 1

O'i gartref yng Ngardd Efa – y cafodd
Y cyfan drwy'i yrfa;
Dod â naws a'i brofiad wna,
A'r awydd i Moreia.

Dechrau'r daith

Efo Adda ac Efa yng Ngardd Eden y cychwynnodd ein taith ni fel dynoliaeth, ond yn addas iawn i flaenor o Fethodist, yng Ngardd Efa y cychwynnodd fy nhaith innau a hynny ar 23 Gorffennaf 1937. Tyddyn bach, rhyw chwe acer yng nghanol Sir Fôn, rhyw filltir go lew o'r A5 ac yn agosach fyth at yr A55, bellach, oedd Gardd Efa.

Ganed John, fy nhad, yn Sein Felen, Bodedern, yn fab i Thomas ac Elen Jones, yr ieuengaf o naw o blant, a chefais fy enwi ar ôl fy nhaid, er mai 'Tony' y mae pawb, fwy neu lai, wedi 'ngalw i erioed.

Wnaeth fy nhad ddim priodi nes roedd o'n 36 oed, sy'n ddim yn anghyffredin y dyddiau hyn, ond roedd o'n cael ei ystyried yn eithaf hen y pryd hwnnw. Oherwydd hyn, roedd fy nghefndryd a'm cyfnitherod ar ochr fy nhad, flynyddoedd yn hŷn na fi.

Un o Bencarnisiog oedd Mam, yn ferch i Jane a John

Davies, a hithau'n un o saith o blant. Ond roedd fy nghefndryd a'm cyfnitherod ar ei hochr hi yn llawer nes at fy oedran i.

Pan oeddwn i tua dyflwydd a thri mis oed, symudodd y teulu o Ardd Efa ryw ddwy filltir i fyny'r ffordd i Bontrhydydefaid, neu Bont fel y galwem y lle, nid nepell o bentref Trefor, lle ganwyd Syr John Morris-Jones. Dyma'r cof cyntaf sydd gen i – ymadael ag un lle a symud i'r llall mewn car, efo merlen, a finnau'n eistedd yn y cert efo Nain Pencarnisiog. Roedd hyn ym mis Tachwedd 1939, ac yn y Bont y ganwyd fy chwaer, Jean Eluned, yn Ebrill 1940.

Fel teulu Sein Felen i gyd, roedd fy nhad yn ddyn ceffylau gwedd. Dyna ydw i'n ei gofio fo'n ei wneud gyntaf, sef canlyn stalwyn. Byddai oddi cartref am wythnos yn y tymor, yn crwydro o fferm i fferm, er mwyn mynd â'r stalwyn mawr 'ma at y cesig, ac yn aros ar un o'r ffermydd dros nos. Byddai disgwyl mawr am fy nhad i ddod adref ar nos Wener, fy chwaer a minnau'n gwrando'n astud am sŵn clip-clop pedolau'r ceffyl yn dod o bell. Pan ddeuai i'r golwg rownd tro Rhyd-y-Defaid, byddem yn rhedeg i'w gyfarfod, ond chawn ni fyth fynd yn rhy agos ato rhag ofn i ni gael cic gan y ceffyl. Roedd hyn tua 1944, ac roedd tymor y ceffylau gwedd ar fin dod i ben gyda dyfodiad y tractor – y Ffyrgi bach, y Fordson bach, a'r Fordson Major, a oedd yn llawer mwy na'r ddau arall – y rhain fyddai'n gwneud y gwaith o hyn ymlaen.

Cafodd fy nhad waith wedyn gyda'r *War Ag* – y Weinyddiaeth Amaeth. Roedd hi'n amser rhyfel, ac roedd llongau tanfor yr Almaen, yr *U-Boats*, yn ei gwneud hi'n anodd mewnforio digon o fwyd, a gorfodid pob ffermwr i dyfu mwy o gynnyrch – tatws, ceirch a gwenith i fwydo'r wlad. Annog pobl i dyfu cnydau a llysiau fel y gallai Prydain fod mor hunangynhaliol â phosib oedd prif bwrpas y *War Ag*, ac roeddynt yn anfon peiriannau allan i ffermydd i aredig a thrin y tir, ac efo'r rheiny y bu fy nhad yn gweithio tan ddiwedd y rhyfel.

Tyddyn tua 15 acer oedd Bont, ac roedd yn rhy fychan i wneud bywoliaeth ohono, felly byddai 'Nhad yn mynd i weithio ambell ddiwrnod yma ac acw ar ffermydd cyfagos. Ond mi ddechreuodd werthu llefrith tua 1947, a dwi'n cofio Mam a Dad yn mynd â'r cian cyntaf i'w roi ar y stand lefrith ar ochr y ffordd. Roedd hwnnw'n ddigwyddiad o bwys, mae'n rhaid, achos mae o wedi aros yn y cof. Mae'n siŵr gen i mai rhyw chwech neu saith galwyn oedd yn y cian, a oedd yn cynnwys godriad nos a bore'r pedair buwch a oedd gennym. Doedd o'n ddim llawer, ond o leiaf roedd y siec lefrith yn dod yn rheolaidd bob mis. Mae'n siŵr gen i fod buwch yn godro mwy na hynny ar un godriad erbyn heddiw, er mai pris digon sâl y mae ffermwyr llaeth yn ei gael am eu llefrith yn ôl pob sôn.

Ond yn ôl at ddyddiau'r rhyfel. Roedd dogni bwyd yn rhywbeth y bu'n rhaid i bawb drwy'r wlad geisio dygymod ag o, ond doedd hi ddim cynddrwg arnom ni yng nghefn gwlad ag yr oedd hi yn y dinasoedd mawrion. Caem ddigon o wahanol fwydydd i'n helpu yn hynny o beth, ac roedd cwningod yn bla ym Môn ar y pryd, felly, byddai 'na faint fynnir o'r rheiny i'w cael hefyd.

Roedd rhyw ddau neu dri dwsin o ieir yn rhedeg ar y buarth acw, felly byddai gennym ddigon o wyau bob amser – gormod yn aml, achos gwerthai Mam ambell ddwsin, heb sôn am roi dwsin bob wythnos i Ifor Roberts, yr athro a oedd yn ein cario ni i'r ysgol. Roedd William Jones, Pandy – y fferm nesaf atom ni – yn saethwr ardderchog a byddai'n galw yn aml efo cwningen. Berwai Mam hi'n gyntaf ac wedyn ei rhostio – gwledd heb ei hail, yn enwedig os oedd pwdin reis a

13

chyraints ynddo i ddilyn – gwell nag unrhyw westy pum seren.

Er bod pob fferm a thyddyn yn cadw mochyn y dyddiau hynny, chlywais i ddim am neb yn *lladd* mochyn erioed, a does gen i ddim atgof am *ddiwrnod* lladd mochyn chwaith. Ond erbyn meddwl, roeddwn i'n tyfu i fyny ym mlynyddoedd y rhyfel ac roedd yn rhaid cadw'r weithred honno'n berffaith gyfrinachol, rhag ofn i'r awdurdodau ddod i wybod a rhoi dirwy i ni, achos roedd lladd mochyn gartref yn cael ei gyfrif fel delio ar y *Black Market*. Roedd yn rhaid i bob da byw fynd i'r farchnad, lle'r oedd bwtsieriaid yn eu prynu fel bod pawb yn cael siâr o'r bwyd, ac nid ambell i deulu'n pesgi ar fochyn cyfan.

Ar ôl y rhyfel, byddai Mam yn magu tyrcwn ar gyfer y Nadolig, rhyw ddwsin neu 15 efallai. Tuag wythnos cyn yr ŵyl, byddai 'Nhad yn eu lladd nhw allan yn y beudy a Mam ac yntau'n eu pluo nhw wedyn, y naill a'r llall o boptu'r tân. Mam fyddai'n eu trin nhw – torri'r pennau a'r traed a thynnu'r perfedd a'u llnau nhw'n reit dda oddi mewn. Yna, byddai'n mynd â nhw i'r ystafell ganol, a oedd yn oer fel rhewgell yr adeg honno o'r flwyddyn, ac yn rhoi lliain gwyn, glân, drostyn nhw. O hynny i'r Nadolig, byddai'r cwsmeriaid yn dod yno i'w nôl nhw fesul un, a'r un wynebau fyddai'n dod bob blwyddyn.

Byddaf yn sôn am anrhegion Nadolig mewn pennod arall ond roedd y cinio Nadolig yn un o uchafbwyntiau'r flwyddyn. Byddai Mam wedi gofalu cadw un o'r tyrcwns ar ein cyfer ni, a byddai'n rhostio hwnnw efo digon o datws a rwdan. Fyddai 'Nhad fyth yn plannu tatws, na moron, na llysiau eraill chwaith o ran hynny, gan y byddai wedi gwneud rhyw joban fach ar un o'r ffermydd cyfagos ac wedi cael llawndra ganddyn nhw. Dwi'n ei gofio fo'n dod adref lawer gwaith gyda'r nos efo

sach fawr o datws a sachiad o rwdins ar ei feic. Rhwng yr
wyau, y cwningod, y tatws a'r rwdins, a lladd ambell hen iâr
a oedd wedi rhoi'r gorau i ddodwy, roeddem yn bell o fod yn
llwgu.

Mae'n anodd meddwl pwy gafodd y dylanwad mwyaf
arnaf pan oeddwn yn blentyn. Roedd rhywun yn tueddu i
edrych i fyny ar ryw berson neu'i gilydd a oedd yn digwydd
bod â rhan arbennig yn ei fywyd ar ryw adeg benodol, fel fy
rhieni wrth gwrs. Ond un o fy arwyr pennaf, pan oeddwn i'n
fachgen ifanc, oedd Thomas Williams, Clegyrgwynion. Fyddai
o fyth yn cael ei enw llawn gan neb – Twm Clegyr oedd o, yn
ddi-ffael, ac roeddwn yn edrych i fyny ar Twm am ei fod yn
medru dreifio tractor a gwneud popeth ar y fferm, ond yn fwy
na dim, am fod ganddo foto beic! Roedd Twm yn canlyn hogan
o'r Berffro, ac felly, ddwywaith yr wythnos, ar nos Fercher a
nos Sadwrn, byddai'n dod heibio'r Bont ar ei ffordd i garu. Os
oedd fy nhad wrth giât y lôn, byddai Twm yn aros am sgwrs
a byddwn innau'n cael eistedd ar y piliwn ac yn dyheu am
gael mynd efo fo. Ond doedd dim peryg i hynny ddigwydd
achos roedd Mam yn cadw llygad barcud arnaf ac yn barod i
afael yn fy mraich a'm tynnu oddi ar y beic. Reidar da oedd
Twm hefyd, ac wrth ei fodd ar gefn beic. O bryd i'w gilydd,
byddai o a Cledwyn Tŷ-moel yn rasio ar gae Bwlcyn wrth
ymyl Capel Engedi. Twm fyddai'n ennill bob amser, am fod
ganddo foto beic cryfach efallai, achos roedd Cledwyn yn
eitha' reidar hefyd. Roeddwn wedi penderfynu'r adeg honno
mai reidar moto beic oeddwn innau am fod ar ôl tyfu i fyny,
'run fath â Twm Clegyr.

Golygfa 2

Gwerthu penwaig a symud tŷ

I Bencarnisiog yr es i i'r ysgol. Er mai dim ond rhyw dair milltir a hanner i ffwrdd oedd y pentref hwnnw o'm cartref, roedd ysgolion Bryngwran neu Landrygarn yn nes at fy nghartref o dipyn. Ond gan fod Mam yn un o Bencarnisiog ac wedi mynd i'r ysgol yno, doedd fiw meddwl am unrhyw le arall, a'r ysgol honno oedd y 'Coleg ar y Bryn', yn ôl Mam, nid Prifysgol Bangor!

Doedd 'na ddim bws ysgol na thacsi yr adeg honno wrth gwrs, felly, roedd fy nhad yn mynd â fi yno ar gefn beic fore dydd Llun, a byddwn yn lojio efo Nain nes y deuai 'Nhad i fy nôl i eto nos Wener – 'run fath yn union â thaswn i mewn rhyw ysgol fonedd grand! Doedd eistedd ar far y beic am dair milltir a hanner ddim yn daith gyffordus o gwbl – bron fod ôl y bar ar fy mhen-ôl hyd heddiw. Trowsus bach oedd gan bob hogyn yr adeg honno, haf a gaeaf tan oedd o'n ddeg neu'n 11 o leiaf, ac ym misoedd oer y gaeaf byddai fy nghoesau'n las erbyn cyrraedd pen y daith. Byddai 'Nhad yn tradlio nerth ei enaid i'm cael i'r ysgol erbyn naw fore Llun, a byddai'n gwneud y siwrnai mewn tuag 20 munud. Mae 'na adnod yn y Beibl sy'n dweud: 'Mil o flynyddoedd yn dy gwmni sydd fel ddoe', hynny ydi, fod mil o flynyddoedd wedi mynd heibio mor sydyn. Roedd y siwrnai honno ar y beic ddwywaith yr wythnos yn hollol groes i hynny!

Buasai Nain yn wraig weddw ers tua deng mlynedd ar hugain. Bu farw 'Nhaid mewn damwain pan syrthiodd o'r drol a honno'n mynd drosto fo wrth fynd i lawr Gallt-y-mwg rhwng Pencarnisiog a phentref Bryn-du. Yn sicr, doedd Nain ddim isio cwmni bachgen pump oed – roedd hi'n rhy brysur yn ceisio cael dau ben llinyn ynghyd. Cyflawnai bob math o waith, ac byddai 'ar côl' bedair awr ar hugain y dydd pe bai angen help efo geni babi, neu os oedd rhywun wedi marw yn y cylch ac angen ymgeleddu'r corff. Roedd hi'n mynd allan i olchi dillad hefyd, a hyd yn oed i bapuro waliau! A phob Nadolig, byddai'n mynd hwnt ac yma o fewn yr ardal i bluo gwyddau neu ieir.

Ar draws y ffordd o dŷ Nain roedd William Hughes Joci'n byw. Roedd o'n un o'r bobl hynny a fyddai'n mynd rownd ffermydd yn 'torri ceffylau i mewn' ar gyfer gweithio – eu dysgu nhw a'u dofi nhw o'r pan oeddan nhw'n ifanc i wneud gwahanol bethau. Joci oeddan nhw'n galw pawb a oedd yn gwneud y gwaith hwnnw. Am ryw reswm, roedd Nain yn fy siarsio i alw William Hughes yn 'Taid' bob amser. Dwi ddim yn siŵr iawn pam, ond dwi'n ei gofio fo yn hen ŵr efo mwstásh gwyn, ac yn gwisgo *gaiters* ar ei goesau. Welais i 'rioed mo'i wraig, Margiad Hughes, y tu allan i'w thŷ. Eisteddai mewn cadair freichiau fawr wrth y tân bob amser, wedi ei gwisgo mewn du o'i chorun i'w sawdl. Roedd hi'n edrych i mi, yr adeg honno, fel petasai hi dros ei 100 oed, ond doedd hi ddim mor hen â hynny, bid siŵr.

Byddai William Hughes yn gwerthu penwaig ac yn mynd o gwmpas Pencarnisiog, Bryn-du a Llanfaelog efo car a merlen, dan weiddi: 'Penwaig ffresh o'r môr!'

Byddwn innau'n edrych ymlaen at gael mynd efo fo ar ei

rownd, a gweld y gwragedd yn dod allan o'r tai efo papur newydd neu bowlen i brynu rhyw ddau neu dri phennog. Clywais un wraig yn cwyno fod penwaig yr wythnos gynt yn denau gythreulig, ac ateb Taid oedd:

'Cofia di 'mechan i, mae'r rhain wedi nofio o'r 'Mericia i'r Moelfre – tenau fasa tithau hefyd ar ôl y fath siwrnai!'

Pe bai ceiniog o newid byddwn yn cael honno gan ambell un o'r merched a'i gwario wedyn yn Siop Hugh Hughes yn y pentref.

Wedi cyrraedd Bryn-du, sydd rhyw filltir o Bencarnisiog, i lawr allt bob cam heibio Gallt-y-mwg a Bodrwydd, byddai Taid yn aros o flaen tŷ mawr ac yn gofyn i mi afael ym mhen y gaseg.

'Aros di yn fa'ma, bychan, mae yna ledi ffeind iawn yn byw yn y tŷ yma. Gwylia di'r gaseg i mi, wnei di?'

Byddai'n dod yn ôl mewn dau funud efo glasiad o lemonêd i mi.

'Yfa di hwnna, bych, mi gaf inna baned o de gan Mrs Ifans. Ledi ffeind iawn ydi hi sti!'

Wedi fy siarsio eto i afael yn dynn yn y penffust a oedd am ben y gaseg, i ffwrdd â fo nerth ei draed yn ôl i'r tŷ, ac felly y byddai hi bob tro yr awn i efo fo ar y rownd. Taid yn aros am ryw ddeng munud neu fwy yn y tŷ mawr crand efo'r 'ledi ffeind', a finnau tu allan yn yfed lemonêd. Ymhen blwyddyn neu ddwy roeddwn wedi dysgu darllen yn ddigon del, ac erbyn deall, enw tŷ Mrs Ifans oedd The Queens Hotel! Oedd, roedd Taid yn hoff o'i beint a fedrai o fyth basio'r Queens heb alw yno, fel y dois i ddysgu ymhen amser. Ond os oedd o'n hoff o'i beint, roeddwn innau hefyd wedi mynd yn hoff iawn, ac yn edrych ymlaen am fy nglasiad lemonêd wrth fynd rownd i werthu penwaig. Ond ar ôl dod adref, byddai Nain yn gwneud

18

i mi dynnu fy nillad, bob cerpyn, 'Gwae chdi fynd efo Taid eto,' meddai, 'rwyt ti'n drewi dros y tŷ o ogla penwaig!'

Ond mynd fyddwn i'r un fath, gan feddwl am y geiniog a gawn gan hon a'r llall i brynu taffi buwch (*Highland Toffee*) yn Siop Hugh Hughes.

Allan yr oeddwn i'n treulio'r rhan fwyaf o fy amser hamdden, yn chwarae yn y pentref efo hogia Llain Wen: Ron a Hefin; Wil Bach; Margiad Roberts; hogia Gongl-ddrain, Huw bach a'i frawd, Richie. Doedd 'na ddim byd yn Tŷ Nain ond Nain! Dim *Ludo*, *Snakes-and-ladders*, dim tegan o fath yn y byd na llyfr paentio, felly, doedd dim amdani ond mynd allan i chwarae pêl neu farblis neu goncyrs.

Roedd Nain yn warden yn Eglwys Llanbeulan, a chofiaf ddod adre'n hwyr un noson a'r Person yn y tŷ yn cael paned. Roedd hi'n bwrw glaw yn drwm y noson honno, a dyma finnau'n dweud yn llanc i gyd:

'Tydi hi'n ddiawl o dywydd, Nain?'

Wedi clywed un o'r hogia mawr yn dweud rhywbeth tebyg, mae'n siŵr gen i. Bu Nain yn edliw hynny i mi am flynyddoedd, am regi o flaen y Person.

Daeth diwedd ar y daith wythnosol i dŷ Nain pan oedd Jean yn bump oed ac yn barod i fynd i'r ysgol. Doedd Nain ddim am gymryd dau lojiar bach, felly, daeth terfyn ar y daith ar y beic. Roedd fy nhad yn gweithio'n llawn amser efo'r *War Ag*, ac yn dechrau am 6.30 yn y bore weithiau, ac wrth reswm, roedd yn amhosib iddo fynd â dau ohonom ar y beic, felly doedd dim amdani ond cerdded y tair milltir a hanner bob bore a nos.

Byddem yn galw yn Treban Meurig am Alun ac Elis i gael eu cwmni ar y daith. Byddai'r ddau yn bwyta eu brecwast yn nhraed eu sanau a'u sgidiau'n cynhesu o flaen y tân. Rydw i'n dal i glywed arogl y polish sgidiau yn fy ffroenau hyd heddiw. Os oedd y tywydd yn arw, byddai'r pedwar ohonom yn rhedeg, ac yn cyrraedd yr ysgol mewn da bryd. Ond yn y gwanwyn a'r haf, cymerem ein hamser, yn edrych dros y cloddiau ar yr ŵyn bach neu'n chwilio am nythod adar, a chael a chael fyddai hi inni gyrraedd yr ysgol ar amser.

Y prifathro oedd Mr J. R. Jones, a oedd wedi dod i Bencarnisiog o Ysgol Bodorgan. Roedd o'n byw yn Rhosneigr ac roedd ganddo ddau o blant yn yr ysgol, sef Enid, a oedd yr un oed â mi, a Geraint, a oedd dipyn yn hŷn. I mi ar y pryd, roedd Mr Jones yn hen ddyn. Roedd ei wallt wedi gwynnu, a welais i 'rioed mohono'n chwarae pêl-droed na chymryd rhan mewn unrhyw fabolgampau efo ni. Ymhen blynyddoedd, roeddwn yn mynd i weld bedd fy nain yn Llanfaelog a dyma ddod ar draws ei fedd yntau, a gweld ar y garreg mai dim ond 51 oedd o pan fu farw. Fel y mae llygaid plentyn yn gallu rhoi camargraff!

Efallai fod yna tua 100 o blant yn Ysgol Pencarnisiog o bump i 14 oed ar y pryd, a thair athrawes yn ogystal â Mr Jones – sef Mrs Roberts o Fangor, Mrs Jones o Amlwch a Mrs Hughes o Langefni. Mae fy ŵyr, Thomas, sydd yn saith oed ac yn mynd i Ysgol Pentraeth, yn adnabod ei athrawon fel Mrs Jane Williams a Mrs Eleri Rees, ond wn i ddim hyd heddiw beth oedd enwau cyntaf fy athrawon, na'r prifathro chwaith. Chlywais i neb yn cyfeirio ato ddim ond fel Mr J. R. Jones.

Roeddwn i'n dipyn o 'sglaig efo aml bwnc, a byddwn i neu Audrey Queens yn dod yn gyntaf yn y dosbarth ar derfyn pob tymor. Ond – ac mae hwn yn 'ond' mawr – pan fyddem yn cael canu neu ymarfer côr erbyn y Nadolig neu ryw achlysur arbennig arall, byddai Mrs Roberts yn gofyn i mi fod yn ddistaw, neu fynd allan i chwarae pêl, achos mae'n boendod mawr gen i ddweud na allaf ganu 'run nodyn. Ia, dim un!

Bydd Eirian, fy merch, yn fy herian yn aml, 'Wn i ddim pam na fedri di ganu, achos mae gen ti goesau fel caneri!'

Bob tro y byddaf yn gweld Mathew Williams, neu Mathew Meidra, sef enw'i gartref, bydd yn f'atgoffa am y diwrnod y cefais fy mrathu gan neidr wrth chwilio am bêl a oedd wedi mynd ar goll yn y cae chwarae. Mr Jones yn fy rhuthro at y doctor yn Llanfaelog. Does gen i ddim cof beth wnaeth hwnnw, ac mae'n rhaid nad oedd hi'n neidr wenwynig achos dwi ddim yn cofio i mi ddioddef yn ormodol chwaith, ac fel Dafydd Iwan, dwi 'Yma o Hyd'.

Pan oeddwn i tua saith oed, dwi'n cofio pedwar neu bump ohonom yn mynd i ddwyn gwsberis i ryw ardd gyfagos. Doedd neb yn digwydd bod gartref yno ar y pryd a dyma ni'n llenwi ein pocedi'n bowld. Yna, pan oedd y rheiny'n llawn, dyma ni'n stwffio ein *pullovers* i mewn i'n trowsusau a chau'r belt yn dynn, a dechrau llenwi honno. Wedi pluo hynny o gwsberis a oedd yno, dyma fynd tuag adref yn reit sydyn. Ond wrth neidio dros ben wal i'r lôn, mi ddisgynais rywsut, a'm braich oddi tanaf. Er mor fychan oeddwn i, gwyddwn yn syth fod rhywbeth mawr o'i le, achos fedrwn i ddim symud chwimiad ar fy mraich dde. Mynd tan grio am adref, ac wrth fy ngweld i'n crio dyma bawb arall yn dechrau beichio hefyd!

'Be' sydd wedi digwydd i ti?' holodd Nain, yn reit flin.

'Mae'r hogyn 'ma wedi gneud rhywbeth i'w fraich,' meddai Dewi, yr hynaf ohonom.

Nain yn byseddu'r fraich fel arbenigwraig eitha' profiadol . . . 'Mae hon wedi torri,' meddai'n siort.

Dyma hi'n taro côt amdani a het am ei phen, gafael yn fy mraich iach, ac i ffwrdd â ni am Bont. Dim ffonio am ambiwlans neu ddoctor, dim hyd yn oed rhoi sling ar fy mraich! O, na! Mynd fel fflamia; Nain yn hanner fy llusgo a minnau'n dal i weiddi crio.

Wrth nesáu at siop Engedi, pwy oedd y tu allan yn llnau ei gar ond John Owen, tad George C. Owen, a fu'n Swyddog Drama'r Eisteddfod Genedlaethol am flynyddoedd ac yn gynhyrchydd drama radio a theledu.

'Lle 'dach chi'n mynd Mrs Davies?' holodd John Owen.

'Yr hen hogyn 'ma,' meddai Nain, 'wedi gwneud rhywbeth i'w fraich, John Owen.'

'Wedi cael codwm mae o?' holodd yn siopwr.

'Wedi bod yn dwyn cwsberis yn Bryn Ael mae'r cythraul bach,' meddai Nain wedyn.

'Â'i â chi i'r Bont yn y car rŵan, Jane Davies,' meddai John Owen a lluchio'r cadach a oedd ganddo yn golchi'r moto i bwced.

'Ddim byd o'r fath,' meddai Nain, 'mi fydda i yn y Bont cyn i chi droi'r car 'ma rownd. Tyrd yn dy flaen!' a chyda hynny, cefais fy llusgo'r holl ffordd adref, yn dal i weiddi crio.

Y bore wedyn aeth Mam â fi ar y bŷs i ysbyty'r C&A ym Mangor, a rhoddwyd fy mraich mewn plastar o' Paris, a bûm adref o'r ysgol am tua chwe wythnos.

Cymraeg oedd iaith pawb yn y cylch, ar wahân i drigolion llefydd fel Rhosneigr, a oedd fymryn yn fwy Seisnig, hyd yn oed y pryd hwnnw. Ond roedd 'na eithriadau hyd yn oed ym mherfeddion cefn gwlad Môn. Wna i fyth anghofio un achlysur pan oeddwn i tua naw oed. Pobi ei bara ei hun fyddai Mam bob amser, ac un diwrnod, dyma hi'n gofyn i mi fynd i siop Engedi i nôl chwarter o furum. Dwy chwaer oedd yn byw'n gyfagos a oedd yn gweithio yno fel arfer – Siwsan oedd enw un, ac mae enw'r llall wedi mynd yn angof erbyn hyn, mae arna i ofn. Ond dwy Gymraes leol oeddan nhw. Roedd y siop tua milltir a hanner o'n tŷ ni, a dyma fynd nerth fy nhraed i nôl y neges, a'r arian yn fy llaw wedi'i wasgu'n dynn rhag ofn i mi ei golli. Ond mi syrthiodd fy wyneb pan gyrhaeddais y siop. Doedd 'run o'r ddwy chwaer yno. Mae'n rhaid eu bod ar eu cinio neu'n cael hanner diwrnod i ffwrdd. Pwy oedd yno tu ôl i'r cownter ond Mrs Massey, Saesnes ronc.

'Chwarter o furum,' medda' fi.

Dyma'r ddynes yn edrych yn wirion arna i.

'Chwarter o furum,' medda' fi eto.

Newydd gymryd y siop drosodd roedd hi a'i gŵr, a doedd ganddi ddim syniad beth oeddwn i'n ddweud.

Dyma fi allan o'r siop fel dyn gwallgo, ac mae'n siŵr bod Mrs Massey'n meddwl mai dyna'n union oeddwn i. Rhedais yr holl ffordd adref, yn flin efo fi'n hun am orfod dod adre'n waglaw.

'Mam,' meddwn, 'be' ydi burum yn Saesneg?'

'*Yeast*,' meddai hi, ac i ffwrdd â fi eto am y siop.

Rhedais bob cam yn ôl i'r siop yn llafarganu'r gair '*yeast*' drosodd a throsodd yn fy mhen, rhag ofn i mi anghofio. Ond nid oedd yn rhaid i mi boeni'r tro hwn achos roedd Siwsan a'i chwaer wedi ymddangos o rywle yn ôl y tu ôl i'r cownter.

Yn ystod fy nwy flynedd olaf yn yr ysgol gynradd, roedd fy chwaer a minnau'n cael lifft yng nghar Ifor Roberts o Landdeusant. Roedd o wedi cael ei benodi'n brifathro yn Ysgol Rhosneigr, a byddem yn cael ein cario ganddo yn y moto bach coch tywyll o'r Bont bron at giât yr ysgol. Roedd o'n fab i Deusant Môn. Mi ddown ni ato fo eto.

Bob pnawn dydd Gwener, byddai Mam yn disgwyl amdanom wrth y giât efo dwsin o wyau i Mr Roberts. Tybed, ydi dreifar bws plant ysgol heddiw yn cael dwsin o wyau yma ac acw wrth ollwng y plant i lawr wrth ryw fferm neu'i gilydd? Digon o waith. Roedd 'na dipyn o wahaniaeth mewn mynd i'r ysgol ym moto Mr Roberts yn hytrach nag ar feic fy nhad.

Yna ym 1948 daeth yn amser eistedd yr *Eleven Plus*

bondigrybwyll. Pawb yn gobeithio na fuasen nhw'n pasio, am fod neb isio mynd i'r cownti sgŵl. Ond pasio wnaeth pedwar ohonom: Enid, merch y Sgŵl, Audrey Queens Bryn-du, Lilian Capel Gwyn, a minnau. Daeth yn amser ffarwelio â'r nefoedd fach ym Mhencarnisiog a'r holl ffrindiau yr oeddwn wedi'i wneud yno ers chwe blynedd. 'Chawn i fyth eto fynd dros ben y wal amser cinio i edrych am Nain, na rhedeg at bwmp y pentref a oedd hanner ffordd at Gallt Mwg i gael diod o ddŵr oer, oer.

Ar ôl gwyliau'r haf, Ysgol Ramadeg Caergybi oedd y gyrchfan foreol. Dal y bws o groeslon Treban ar yr A5 oedd y drefn bob bore o hyn ymlaen – bws dybl decar Crosville, neu 'bws â llofft' fel y byddai un o'r pentrefwyr, 'rhen John Jones,y Rhyd, yn eu galw nhw. Cefais ddau ffrind newydd i rannu'r daith i'r ysgol – Griff Tŷ Moel a Tudor Hen Dafarn – y ddau wedi bod yn mynd i Ysgol Bryngwran, lle dylwn innau fod wedi mynd mae'n siŵr.

Dim ond un gair Cymraeg da sydd i ddisgrifio fy mhedair blynedd yng Nghaergybi, sef 'disastar', chwedl Elis Treban. Oedd, roedd y blynyddoedd hynny'n dipyn o drychineb yn fy hanes i, ond mae 'na fwy o deimlad yng ngair Elis dwi'n meddwl!

Fel y rhan fwyaf o blant a oedd wedi cael eu dwyn i fyny yn y 1940au yng nghanol y wlad yn Sir Fôn, uniaith Gymraeg oedd pawb bron. Caem ddau bapur Cymraeg acw bob wythnos – *Y Clorianydd* a'r *Cymro*. Ysgol Sul yng Nghapel Trefor? Cymraeg. Pawb oedd yn byw o'n cwmpas ac ar yr aelwyd gartref? Cymraeg bob gair. Yr unig Saeson y gwyddwn i amdanynt oedd Mrs Smith, Gallt y Mwg, a Mrs Massey, yn y siop, y soniais amdani eisoes. Roedd cyrraedd y Cownti Sgŵl fel taro wal frics. Yn sydyn iawn, roedd bron popeth yn Saesneg. Yr unig wersi wnes i fwynhau yn yr ysgol newydd oedd Cymraeg efo Mr H. R. Williams. Ymhen blynyddoedd, mi ddois i sylweddoli fod y rhan fwyaf o'r athrawon yn medru siarad Cymraeg yn iawn, ond am ryw reswm roeddynt dan orchymyn i'n dysgu ni yn Saesneg bob gair.

Roedd diwedd y 1940au yn amser cyffrous ym myd addysg ym Môn. Roedd y sir wedi mabwysiadu'r drefn addysg gyfun, gan ddod ag oes y *Secondary Modern* a'r ysgolion gramadeg i ben. Roedd hyn ar y gweill ers y 1930au, neu gynt, gan Bwyllgor Addysg Môn, dan gadeiryddiaeth Dr (Syr wedyn) Thomas Jones. Yr Ysgrifennydd oedd William Griffiths, tad Elen Roger Jones, y bûm yn cydweithio gyda hi droeon yn Theatr Fach Llangefni maes o law.

Mr Lovett, prifathro Ysgol Caergybi lwyddodd ym 1950 i gael y cwch cyfun i'r dŵr. Byddai plant o gyn belled â Chemaes a'r Gaerwen efo fi yn Ysgol Uwchradd Caergybi – tipyn o daith iddyn nhw. Ond roedd dwy ysgol newydd yn cael eu hadeiladu, un yn Amlwch a'r llall yn Llangefni. Codwyd Ysgol David Hughes ym Mhorthaethwy i ddisodli'r Ysgol Ramadeg ym Miwmares hefyd, ac am bron i 30 mlynedd, y pedair ysgol yma oedd yn gwasanaethu Môn, hyd nes i ysgol newydd gael ei hadeiladu nid nepell o fro fy mebyd ym Modedern.

Roeddwn yn mwynhau pêl-droed, ac er nad oeddwn i'n fawr o chwaraewr, roeddwn i yn y tîm. Fi oedd y gwannaf o'r cwbl ymysg yr 11, a buasem wedi colli sawl gêm o sgôr criced oni bai am ein gôl-geidwad, Bobi Capon – y Parchedig Bobi Capon a aeth yn athro Ysgrythur yn nes ymlaen. Ond buasai'n hawdd iawn iddo fod wedi cael gyrfa fel gôl-geidwad un o'r timau mawr. Mr Bacon oedd ein hathro Gymnasteg a Chwaraeon, Sais wrth gwrs, ond pwy ddaeth yno o'r coleg ar ymarfer dysgu ond Len Roberts, Cymro glân o ochrau

Llandudno. Ar ôl gorffen ei hyfforddiant, daeth yn ôl i Ysgol Caergybi a chyn gorffen ei yrfa, fo oedd y prifathro.

Bychan iawn oedd neuadd yr ysgol, felly, unwaith y flwyddyn, ar yr hyn a elwid yn *Speech Day*, byddem i gyd yn cerdded ryw chwarter milltir i lawr y lôn i gapel Hyfrydle, a oedd yn eistedd dros fil o bobl, i wylio disgyblion y chweched dosbarth yn cael eu gwobrwyo.

Tua'r adeg hon ym 1950, roedd fy nhad yn chwilio am fferm fwy am ei fod isio cadw mwy o wartheg godro. Roedd Bont yn rhy fach, ac felly, dyma roi cais am un o fân-ddaliadau'r Cyngor Sir. Yn y 1930au, roedd y Cyngor wedi prynu nifer o ffermydd mawr ym Môn, wedi eu rhannu'n dair neu'n bedair fferm, adeiladu tai a beudái newydd, a'u gosod i bwy bynnag a oedd isio dechrau ffermio – rhai a oedd wedi bod yn y rhyfel efallai, neu weision ffermydd a oedd yn awyddus i fod yn feistri arnyn nhw'u hunain. Wedi bod o flaen y Pwyllgor Amaeth yn Llangefni am ryw fath o gyfweliad ddwy neu dair o weithiau, bu 'Nhad yn llwyddiannus o'r diwedd a chael fferm tua 40 acer, o'r enw Chwaen Newydd yn Llantrisant.

Diwrnod mawr y 'madael o'r Bont oedd Diwrnod Pentymor, 13 Tachwedd 1951. Willie Rowlands, Pensieri, Llanfaelog oedd y cludwr, efo lorri anferth. Y llwyth cyntaf oedd y gwartheg a'r lloi, er mwyn iddyn nhw gael amser i setlo cyn cael eu godro tua 5.30 y.h. Dod yn ôl wedyn i nôl yr offer a'r celfi amaethyddol. Ychydig iawn o'r rheiny oedd gan fy nhad gan nad oedd ganddo dractor, dim ond un ceffyl. Byddai'n cael benthyg og a gwŷdd ac yn y blaen gan un o'r ffermydd cyfagos, Treban neu Clegyrgwynion, fferm a oedd yn terfynu, bron, â'r Bont. Wedyn, rhoi'r ieir a'r tyrcwn a'r gwyddau mewn sachau, torri twll ynddyn nhw, a rhoi pennau'r ffowls allan rhag ofn iddyn nhw fygu. Roedden nhw'n werth pres gan ei bod hi'n nesáu at y Nadolig. Y pethau olaf i mewn i'r arch, neu'r lorri ddylwn i ddweud, oedd dau feic a dwy gath.

Newid ardal, newid capel, ond ddim newid ysgol, gwaetha'r modd. Dal bws William Lewis, Carreg-lefn wrth Eglwys Llantrisant, newid yn Llanfachraeth i fws Jôs Llanfaethlu ac ymlaen i Gaergybi. Erbyn hyn, roeddwn yn Standard Ffôr, sef blwyddyn 10 heddiw. Cofiaf fod yn gyfeillion â dau a oedd yn yr un blwyddyn sef Gwilym Trefor Jones o Fodedern a Herbert Evans Tan-lan, Gwalchmai. Ond roedd fy nyddiau ysgol yn prysur ddirwyn i ben. Ar 6 Gorffennaf 1952, bu fy nhad farw'n sydyn iawn – rhyw fath o waedlif ar ei ymennydd os deellais yn iawn. Roedd yn amhosibl i Mam a finnau gario 'mlaen efo'r fferm achos 'mod i'n hollol ddibrofiad, felly dyma benderfynu gwerthu popeth a symud unwaith eto. Pedair ar ddeg oed oeddwn i pan ddaeth fy nyddiau ysgol i ben unwaith ac am byth.

Golygfa 3

Gwas bach, oriau hir a Glasgie Town

Rhaid oedd 'madael â Chwaen Newydd, gwerthu'r celfi a'r gwartheg, a ffarwelio â'r hen gaseg las. Dwi'n cofio'r diwrnod yr oedd popeth yn mynd, a fy ewyrth John, Bryn Sanan, yn nôl y gaseg o'r cae a dagrau mawr yn llenwi ei lygaid. Gŵr i chwaer fy nhad oedd o, tad Tom, a oedd yn gweithio efo'r *Duchess* yn Chatsworth y cewch glywed amdano nes ymlaen.

Gan fod Chwaen Newydd yn eiddo i'r Cyngor Sir, rhaid oedd gadael y fferm cyn pen tymor, felly roedd yn rhaid chwilio am le arall i fyw. Roedd fy mam wedi clywed fod Hughie Jones, Brwynog, yn chwilio am was bach. Fferm o ryw 300 acer oedd Brwynog, rhwng Llanddeusant a Mynydd Mechell, ac yn ôl pob sôn, roedd tŷ yn dod efo'r swydd, sef Ddôl Isaf, un o ddau dŷ ar dir Brwynog. Ddôl Uchaf oedd y llall. Trwy drugaredd, cefais fy nghyflogi gan Hughie Jones am y swm anferthol o ddwybunt yr wythnos. Hwn fyddai'r pedwerydd tŷ i mi fyw ynddo a minnau ddim ond yn fy arddegau cynnar. Tŷ syml iawn oedd o i gymharu â safonau heddiw – un ystafell fyw, cegin fach ac un llofft ar y llawr isaf, a chroglofft. Heddiw, mae'n siŵr fod tŷ bach ambell dŷ yn fwy na'r Ddôl Isaf i gyd.

Doedd y cyflog ddim mor fychan ag y mae'n swnio,

oherwydd cawn fynd ar y bws i Gaergybi ar nos Sadwrn, mynd i'r pictiwrs, cael pryd o ffish a tships ac fe fyddai tipyn o newid o bunt yn fy mhoced. Pris hanner paned o de heddiw, neu baced o greision efallai.

Roedd tair sinema yng Nghaergybi ddechrau'r 1950au sef yr Empire, yr Hippodrome a'r Cybi Hall. Roedd yna ffilmiau o safon yn y ddwy gyntaf ond comedïau a ffilmiau cowbois eilradd oedd yn y llall fel arfer. Enw arall ar y Cybi Hall ar lafar oedd y *Laugh and Scratch* achos byddai pawb yn chwerthin o'r dechrau i'r diwedd ym mhob ffilm, a chan nad oedd y lle'n lân iawn roedd yn berwi o chwain.

Roedd tri gwas yn Brwynog – Richard Owen, a oedd yn byw yn Ddôl Uchaf; Elwyn, Ynys Gwyddel, ac Owen Roberts neu Now Crydd fel yr oedd pawb yn ei alw, ac roedd o'n gorffen yno pan ddechreuais i.

Gwas bach oeddwn i, yn mynd yn syth o'r ysgol i weithio yno, ac roedd disgwyl i mi ufuddhau i'r gweision eraill bob gafael – rhedeg i nôl y peth hwn a rhedeg i nôl y peth arall. Dysgu godro efo'r injan, rhoi llefrith i'r lloi, helpu Mary'r forwyn i hel wyau ac yn y blaen, a'r gwaith casaf oedd gwagio'r bwced o'r tŷ bach yng ngwaelod yr ardd. O dipyn i beth, cefais ddysgu dreifio tractor, y Fordson bach, ond chefais i ddim mynd ar gyfyl y tractor mawr – y Fordson Major – am flwyddyn neu ddwy.

Richard Owen, Ddôl Uchaf, a oedd yn byw drws nesaf i ni, a aeth â fi i 'ngwaith y diwrnod cyntaf. Dros y ffordd i'r tŷ, roedd camfa, ac wedyn dim ond mater o groesi dau gae oedd o i gyrraedd Brwynog. Roedd hi'n llawer cynt mynd y ffordd honno na mynd rownd ar y lôn. Richard oedd yr hwsmon, a phan ddechreuais i yn Brwynog ym 1952, roedd o wedi bod yn gweithio yno'n ddi-fwlch ers deugain mlynedd. Cafodd ei gyflogi i fynd i Brwynog yn Ffair Fechell ym 1912 yn ail gertmon, a'i gyflog oedd £11 y tymor, sef chwe mis. Yr adeg honno roedd 32 o geffylau yno, sef wyth o geffylau gwedd a'r lleill yn ddyflwydd a theirblwydd oed – rhai ar gyfer y car mawr a'r car bach a'r fflôt, a'r gweddill yn gywion heb ddysgu cael eu twsu eto. Gwerthwyd y fflôt i dafarn y Bull yn Llanddeusant pan nad oedd ei hangen mwyach ar y fferm, a bu'n tynnu wagan gwrw yno am flynyddoedd.

Ganwyd Richard yn y Tŷ Newydd, Llanbabo ym 1894, yn un o bedwar o blant (tri brawd ac un chwaer). Dechreuodd yn yr ysgol yn Llanddeusant yn saith oed a cherdded yno ym mhob tywydd, siwrnai o ryw ddwy filltir. Byddai'n mynd â'i ginio efo fo, sef brechdan neu ddwy, a phiser o de i'w dwymo ar y tân, neu botelaid fach o lefrith yn yr haf.

Pan fyddwn yn cwyno fod y diwrnod yn hir, ac amser noswyl ddim tan hanner awr wedi pump, byddai'n fy rhoi ar ben ffordd:

'Gwranda Thomas,' – fo oedd yr unig un i 'ngalw i'n Thomas erioed – 'pan o'n i'r un oed â chdi, byddwn yn mynd i'r tŷ am frecwast ar ben chwech o'r gloch y bore, wedyn yn rhoi diod a bwyd i'r ceffylau a charthu'r stablau. Gweithio wedyn tan hanner awr wedi un ar ddeg, a rhoi bwyd eto i'r ceffylau. Mynd am ginio hanner dydd, ac wedyn malu rwdins neu beth bynnag arall fyddai'r hwsmon yn ddeud wrtha i am wneud tan hanner awr wedi pump, pan oedd hi'n amser bwydo'r ceffylau unwaith eto cyn mynd i'r tŷ am de. Ar ôl te, roeddwn yn tendio'r wedd tan wyth o'r gloch y nos. Diwrnod o bedair awr ar ddeg, felly paid â chwyno am ryw wyth awr, Thomas. Rhyw hanner diwrnod o waith ydi hynny – hâff dê go lew!'

Roeddwn i'n gwrando'n astud arno, ond pan 'dach chi'n ifanc, mae'r oriau'n pasio'n llawer arafach (fel y gŵyr pawb ond yr ifanc), ac ymhen tipyn, byddwn yn cwyno eto fod y diwrnod yn hir. Roedd hi'n waeth yn y gaeaf a hithau'n tywyllu'n gynt, a 'nhraed a'm dwylo bron â rhewi.

Byddai Richard Owen yn adrodd mwy o'i hanesion wedyn:

'Byddwn yn mynd i dorri gwair ers talwm i Twm Mynydd Adda.'

'Ew, pwy oedd hwnnw?' holwn innau.

'Wel, Syr Thomas Jones, Amlwch,' meddai Richard, yn sôn am y meddyg lleol a chadeirydd y Cyngor Sir, a roddodd ei enw i'r ysgol uwchradd yn y dref.

'Pam 'dach chi'n ei alw fo'n Twm Mynydd Adda?' holwn eto.

'Wel, ym Mynydd Adda, Llanddeusant 'ma y ganwyd o, ac felly yr oeddwn i'n ei adnabod o sti, Thomas.'

'Lle'r oedd o'n byw pan oeddach chi'n mynd i dorri gwair iddo fo?'

'Amlwch achan, taith o ryw wyth milltir o'r Brwynog 'ma.'

'Cychwyn yn fore felly, Richard Owen?'

'Llwytho'r injian dorri gwair ar y drol y noson gynt, cychwyn am Amlwch dri o'r gloch y bore, a chyrraedd yno tua chwech. Ar ôl gorffen torri'r gwair tuag wyth y nos, cychwyn am adra, a chyrraedd Brwynog tuag un ar ddeg neu well.'

'Ugain awr! Oeddach chi 'di blino mae'n siŵr?'

'Does 'na ddim "mae'n siŵr" amdani, Tom. Roeddwn i wedi blino'n gythraul achan, ac isio bwyd yn ofnadwy.'

Yn ystod y pedair blynedd y bûm yn gweithio efo Richard, welais i 'rioed mohono'n colli ei dempar na rhegi. Ond os oedd hi wedi mynd i'r pen draw – tractor yn cau tanio neu ballu – y geiriau cryfa' a ddeuai o'i enau oedd, 'Be' haru'r cythra'l d'wad?'

Diwrnod hir arall o waith iddo oedd cario llond wagan o lo o Stesion Rhos-goch i'r Bryngwyn, Cemaes, ar gyfer Mr

Hugh Jones, brawd Syr Thomas Jones. I dalu'n ôl, byddai pedwar o weision Bryngwyn yn mynd i Frwynog i weithio yn y cynhaeaf neu ddiwrnod dyrnu.

Yn y 1920au a'r 1930au, roedd gan dad Hughie Jones fferm arall, sef Siop Llanynghenedl, ryw chwe milltir o Brwynog, a byddai Richard yn mynd yno efo rhyw bedwar o geffylau amser torri gwair neu ladd ŷd. Lawer gwaith, fe'i clywais o'n dweud ei fod o wedi cael ei ddeffro yn y nos am fod y ceffylau wedi torri'n rhydd o fferm y Siop, ac wedi mynd adref i Brwynog. Roeddan nhw'n gwybod y ffordd yn iawn, am eu bod wedi arfer gwneud y siwrnai gynifer o weithiau. Sut oeddan nhw'n gwybod bod angen troi i'r dde yng nghanol Llanfachraeth a throi i'r chwith wedyn ymhen ryw filltir, wrth ymyl capel Ty'n-y-maen. Anhygoel.

Bu Richard Owen yn was da yn Brwynog, yn gweithio yno am 56 mlynedd, ac yn y Sioe Frenhinol ym Mangor ym 1958, cyflwynwyd medal iddo fo a Mary'r forwyn am eu gwasanaeth, gan neb llai na Dug Caeredin. Dyn gloyw yn ei waith oedd 'rhen Richard Owen, beth bynnag fyddai yn ei wneud – aredig, lle byddai pob cwys fel saeth, trin y tir, neu agor ffos – roedd graen ar bopeth. Roedd o'n amlwg yn cymryd balchder mawr yn ei waith. Byddai'n annheg ei alw'n ddyn ei filltir sgŵar achos roedd o'n fwy na hynny: capelwr selog yn Elim, dangoswr ceffylau gwedd ym Mhrimin Bodedern, Sioe'r Sir a llawer o rai llai, ac yn hen law efo defaid ac ŵyn:

> Adnabu braidd y caeau
> A'r praidd adnabu yntau.

Y dyn swil oedd yn medru troi ei law at unrhywbeth. Welais i neb ar ôl Richard yn cnoi baco. Dyna fydda' fo'n wneud yn ystod oriau gwaith, ond smociai bibell wrth y tân gyda'r nos.

A fydda' fo byth yn bwyta brecwast, dim ond yfed llond dau fwg o ddŵr oer o'r ffynnon.

Elwyn, Ynys Gwyddel, fyddai'n gofalu am y godro yn Brwynog. Bu Elwyn yn ofalwr yn Ysgol Uwchradd Bodedern hefyd toc ar ôl iddi agor yn y 1980au, ond pan oedd o'n iau roedd o'n bêl-droediwr da ac yn chwarae i dîm Cemaes neu Amlwch. Roeddwn yn eiddigeddus iawn ohono am fod ganddo foto beic. Dwi'n cofio mynd ar sgîl* i Amlwch i weld Richard Burton yn y ffilm *The Robe*. Hefyd, ambell nos Sul i Landudno i gyngerdd, lle gwelsom y canwr Joseph Locke fwy nag unwaith, ynghyd ag Alma Cogan, a'r ffefryn, Vic Oliver, a fyddai'n addasu rhigymau plant ar gyfer oedolion. Dyma un sydd wedi aros yn y cof:

> Jac and Jill went up the hill
> For a little hanky panky
> Jill came down with forty quid
> He must have been a Yankee.

Roedd hyn ryw naw mlynedd, os hynny, ers diwedd y rhyfel ac roedd llawer o hogia Llu Awyr America yn dal yn y wlad hon a'u pocedi'n llawnach o lawer na neb ffordd hyn.

Pan fyddai Elwyn yn chwarae pêl-droed ar brynhawniau Sadwrn, fi fyddai'n gorfod godro. Roedd yn gas gen i'r gwaith, a byddwn yn rhuthro i orffen er mwyn dal y bws i Gaergybi tua phump o'r gloch. Byddai llawer o hogia Llanddeusant arno, yn cynnwys Tomi Ty'n Ffordd, Robin Pontic (enw'i

---

* Sgîl ydi gair pobl Môn am gael reid ar gefn beic pan fo rhywun arall yn llywio. Hynny ydi, cael sgîl oeddwn i gan dad i ysgol Pencarnisiog ers talwm.

gartref oedd Pontesgynnydd, a gâi ei dalfyrru i Pontic gennym ni), Owen Ellis, a Jerry Llain 'Rallor, Gwyneth Tŷ Gwyn a llawer mwy. Fe fyddai'r bws yn orlawn bob nos Sadwrn.

Gadawai'r bws Gaergybi am ddeg o'r gloch, ac erbyn hynny, byddai ambell un wedi cael mwy na'i haeddiant yn nhafarndai'r dref. Yn eistedd yn y sêt ôl bob amser, byddai John Henry Blew. Chafodd o mo'r enw hwnnw am fod ganddo locsyn nac am nad oedd o byth yn torri ei wallt, ond dyna oedd enw ei gartref ar gwr Mynydd Mechell. Roedd yntau wedi cael llond ei fol erbyn y bws olaf, a byddai'n canu, os mai dyna y galwch chi fo, yr holl ffordd o Gaergybi, a'r un gân fyddai ganddo bob amser, sef:

> I belong to Glasgie
> Dear old Glasgie t'wn
> But when I've had my pint
> On a Saturday night
> Glasgie belongs tae me.

Ac yna, byddai'n dechrau eto, fel tiwn gron drosodd a throsodd, a doedd waeth i neb ddweud wrtho i dewi, doedd o'n gwrando ar neb. Ei tharo hi wedyn, yn uwch os rhywbeth, fyddai 'rhen John Henry, gan roi mwy o bwyslais ar y gair 'Glasgie'.

Fi fyddai'n gorfod godro fore a phrynhawn Sul hefyd. Newid yn sydyn ar ôl bod yn yr Ysgol Sul o ddau tan dri, yna, newid wedyn i fynd i'r capel gyda'r nos. Roedd y feistres, Mrs Jones Brwynog, yn codi canu yng Nghapel Elim, Llanddeusant, ac os na fyddwn i yno, fyddai 'na ddim rhyw fochau bodlon iawn fore dydd Llun. Roedd hi'n filltir go dda o'r Ddôl i gapel Elim; cerdded wrth gwrs. Tua hanner awr wedi un, byddai plant Ucheldref Uchaf yn galw am Jean, fy chwaer a minnau. Roeddan nhw wedi cerdded bron i filltir yn barod. Y tri oedd Huw, Iona a'r diweddar erbyn hyn, Thomas, sef y gŵr a ddyfeisiodd y peiriant cyntaf i fesur alcohol ar yr anadl. Ia, y *breathalyser*, neu'r 'swigan lỳsh' fel y mae'r Cofis yn ei galw hi. Thomas oedd yr hynaf o'r pump ohonom. Yn hogyn tal a choesau hir ganddo roedd yn rhaid inni bron â rhedeg i gadw i fyny efo fo. Byddwn yn mynd heibio dau gapel i fynd i'n capel ni, sef Horeb y Bedyddwyr, a oedd ym mhentref Elim, a Bethania'r Annibynwyr a oedd rhyw hanner ffordd rhwng y Ddôl a Chapel Elim.

Capel Tatw fyddai'r hen do yn galw Bethania, a wyddwn i ddim tan yn ddiweddar iawn pam, nes y clywais y Parchedig Emlyn Richards yn darlithio yn rhywle. Yn ystod y newyn mawr yn Iwerddon (1845-9) byddai ffermwyr yr ardal yn dod â thatws mewn troliau i Bethania. Deuai'r tyddynwyr a'r ffermwyr llai â chant neu ddau o datws, efallai, tra deuai'r ffermwyr mwy â hanner tunnell. Gan mai meinciau symudol oedd yn y capel yr adeg honno, roedd y lle'n ardderchog i gadw'r tatws. Yna, byddai wageni mawr efo tua chwech o geffylau yn eu tynnu, yn mynd â'r tatws i'r porthladd yng Nghaergybi i'w llwytho am Iwerddon. Rhyw fath o *Band Aid* y ganrif honno efallai. Y stori ydi, ar ôl iddynt gyrraedd Dulyn, fod y milwyr o Saeson wedi gwrthod i'r tatws gael eu dadlwytho a'u bod wedi mynd yn ddrwg i gyd. Ydi'r stori yna'n wir tybed? Gobeithio ddim, a bod y tunelli tatws wedi cyrraedd pen y daith ac wedi helpu o leiaf rai o'r trueiniaid.

Tua chanol 1955, cafodd fy chwaer a minnau (i ddyfynnu Richard Owen) 'gythra'l o sioc'. Mam yn dweud wrthym ein dau ei bod am ailbriodi. Edrych arni'n gegrwth a wnaeth y ddau ohonom, a dweud dim am amser reit hir.

'Wel,' meddai Mam o'r diwedd, ''Dach chi ddim am ofyn efo pwy?'

Fedrai Jean na minnau ddweud dim eto.

'Os nad ydach chi am ofyn, mi dduda i ta. Efo Owen Roberts, Castell.'

Gŵr gweddw oedd Owen Roberts, yn byw yn Castell, tyddyn o ryw bedair acer ar ffin pentref Elim. Roeddwn yn ei adnabod yn dda gan y byddai'n dod i Brwynog i ddal cwningod. Dyna oedd ei waith yn y gaeaf, ac mae gen i ddyddiadur o'i eiddo yn nodi niferoedd yr holl wningod a ddaliodd ar hyd y blynyddoedd, a'r mwyaf iddo ddal mewn un diwrnod oedd 250 o gyplau – ia, 500 o gwningod mewn diwrnod! Roedd llawer iawn o'r hogia a oedd yn dal cwningod wedi gwneud pres digon del, yn enwedig adeg y rhyfel pan oedd galw mawr amdanynt yn nhrefi Lloegr. Hyd yn oed yn nechrau'r pumdegau, byddai lori fawr Atkinson yn dod o Fanceinion bob dydd Sadwrn i nôl miloedd o gwningod yr oedd hogia Môn wedi eu dal.

Gwaith gaeaf oedd dal cwningod i rai fel Owen Roberts. Yn yr haf, byddai'n mynd o fferm i fferm yn yr ardal yn helpu efo'r cynhaeaf ac ati. Byddai Ted Jones, Ty'n Ffordd, a oedd yn cario'r post yn y bore, yn gweithio ar y cynhaeaf yn y p'nawn, a hefyd yn mynd o amgylch i gneifio. Pan fyddai'n dod i Brwynog i gneifio, cawn innau'r gwaith o droi'r injan efo llaw i yrru'r gwallaif. Pan fyddwn yn arafu weithiau, fel y roeddwn yn siŵr o wneud ar ôl tipyn, byddai Ted yn gweiddi 'Mwy o dro, mwy o dro!' neu fyddai'r llafnau ddim yn mynd drwy'r gwlân.

Ym 1955 daeth tro ar fyd ym marchnad y cwningod pan benderfynodd y llywodraeth heintio'r creaduriaid efo mycsomatosis, y clefyd creulon hwnnw a ddefnyddiwyd i ddifa miloedd ar filoedd o gwningod. Wrth gwrs, roedd y wlad yn berwi efo cwningod, ond roedd o'n ffordd greulon ar y naw o reoli'r niferoedd. O ganlyniad, diflannodd y cig o'r siopau yn gyfan gwbl, a chollodd nifer o rai fel Owen Roberts eu bywoliaeth.

Ar ôl hynny, cafodd swydd efo'r Cyngor Sir yn ddyn y ffordd fawr, neu *lengthman*, yn gofalu am y lonydd yn ardal Llanddeusant. Torri ochr y ffyrdd efo cryman a'u gadael mewn pentyrau bach yma ac acw. Wedyn, byddai'r ffermwyr yn dod i'w hel er mwyn eu rhoi dan y teisi gwair i gadw'r gwaelodion yn sych. Byddai hefyd yn agor y ffosydd rhag i ddŵr grynhoi ar y ffyrdd. Roedd o'n gwybod am bob twll a chornel ar ei batsh, ac mae'n chwith ar ôl hogia'r ffordd am y math hwnnw o waith. Wrth weithio fel hyn, roedd bywyd gwyllt a byd natur yn cael cyfle, ac roeddan nhw'n cadw'r lonydd yn glir o lifogydd.

Gwyddai bopeth a oedd yn digwydd yn y pentref, wrth gael sgyrsiau efo hwn a'r llall ar ochr ffordd, heb sôn am alw mewn ambell dŷ i gael dŵr poeth yn y piser bach er mwyn cael panad. Doedd fiw i Mam grybwyll prynu fflasg i Owen Roberts. Byddai hynny wedi drysu'r esgus o gael mynd at hwn a hwn am sgwrs pan fyddai'n amser panad er mwyn cael clywed stori neu ddwy.

Roedd Owen y creadur ffeindia' dan haul a bu Mam yn briod ag o am dros 30 mlynedd. Roedd hi'n anodd iawn gwybod beth i'w alw fo ar y dechrau. Fedrwn i ddim ei alw'n 'Dad', na Mr Roberts, felly, rhyw geisio osgoi'r peth yr oeddem ni fel rheol, ond roedd hi'n haws ar ôl i Audrey a minnau briodi a chael plant – Taid Castell fuodd o wedyn. Bu'n golled fawr iddo pan fu farw Mam, ac ar ôl hynny, byddai'n dod atom i Langefni bob penwythnos a galwai yn Llannerch-y-medd efo Ifan Bwtsiar er mwyn dod â digon o gig efo fo i ni am yr wythnos bron. Roedd Taid Castell wedi ei eni a'i fagu yn yr ardal, felly roedd o'n adnabod pawb, ia, pawb, yn cynnwys y rhieni, y teidiau a'r neiniau ac ymhellach yn ôl na hynny hefyd gan fod ganddo gof ardderchog. Mae colled fawr ar ei ôl mewn cymuned lle does fawr neb bellach yn adnabod teulu drws nesaf hyd yn oed, a chanran uchel o dai mewn pentrefi fel Rhosneigr a Benllech yn dai haf a'r perchnogion ddim ond yno'n achlysurol.

Soniais fy mod yn eiddigeddus o Elwyn Ynys Gwyddel am fod ganddo foto beic. Wel, ymhen hir a hwyr, mi gefais innau un. Roeddwn i'n ddeunaw oed erbyn hyn, ac roeddwn ar ben fy nigon. Matchless 350 oedd y peiriant a'r rhif cofrestru oedd 'NKC 388' – dwi'n cofio hwnnw'n iawn er i mi gael degau o geir ers hynny. Prynu'r beic yn lleol wnes i a tharo bargen, a'i gael o am £90 – pris dau deiar heddiw! Doedd y moto beic ddim gwaeth na newydd sbon, ac roedd y creadur a oedd bia fo yn ei werthu am nad oedd o'n gallu ei gychwyn oherwydd rhyw nam neu'i gilydd ar ei droed. Roedd gen i ryddid rŵan i fynd o le i le fel y mynnwn, a phryd y mynnwn heb ddibynnu ar eraill nac ar y bysus. Fel y dywedodd Eifion Wyn am 'Y Sipsiwn':

> Crwydro am oes lle y mynno ei hun,
> A marw lle mynno Duw.

Bu bron i mi â gwneud hynny'n llythrennol hefyd unwaith, sef marw lle mynno Duw, pan wnes i fethu â chadw tro yn Llanynghenedl a mynd ar fy mhen i'r wal, a Tomi Ty'n Ffordd yn cael sgîl* gen i. Bûm yn Ysbyty'r C&A ym Mangor am dair noson am fy mod wedi agor fy mhen fel pennog. Ond i fod yn deg, nid arno Fo yr oedd y bai. Fi oedd yn mynd yn rhy gyflym ac yn meddwl fy mod i'n fwy o reidar nag yr oeddwn i. Doedd fawr neb yn gwisgo helmed yr adeg honno, ond mi brynais un yn syth wedyn. Un wen oedd hi, a 'Pen ŵy' oedd hogia'r pentref yn fy ngalw i wedyn.

Gyda'i thalcen yn terfynu gydag un o gaeau Castell, mae tŷ o'r enw Bodfeurig, ac yno, ar un adeg, y bu William John Roberts yn byw. Roedd o'n dipyn o fardd ac ymddangosodd englyn ganddo yn y cylchgrawn *Fferm a Thyddyn* yn 2010, sef 'Y Gwas Bach':

> I'n gweini ni chawn amgenach, ni ddaeth
> Ac ni ddêl fyth hwylusach.
> Na gwron fyth rhagorach
> I oesau byd na'r gwas bach.

Ganwyd W. J. Roberts yn Amlwch ym 1868. Un o'r Gaerwen oedd ei fam, ac roedd hi wedi mynd yn forwyn i Parys Lodge yn y dref. Capten Charles Dyer oedd yn byw yno, rheolwr un o'r cwmnïau a oedd yn cloddio copr ym Mynydd Parys. Gwnaeth y Capten elw o £409,000 i'r cwmni mewn blwyddyn, sy'n cyfateb i tua £40m heddiw. Roedd hyn rhwng 1857 a 1870, ac mae'n ffaith hysbys mai fo oedd tad W. J. Magwyd y plentyn efo'i daid a'i nain yn y Gaerwen. Bu farw ei daid pan oedd o tua 12 oed ac aeth ei nain ac yntau i fyw efo'i dau frawd ym mhentref Elim. Llaindelyn oedd enw'r tŷ, a chyda'i ddau hen ewythr y cafodd lawer o'i addysg am fod ganddynt nifer o lyfrau – rhywbeth nad oedd ganddo yn y Gaerwen. Felly, trwy ddyfalbarhad ei nain a'i brodyr y magodd W. J. y ddawn o gyfansoddi a barddoni. Fel hyn y byddai Machraeth Môn (na, nid R. J. H. Griffiths) yn dweud amdano wrth ei gyfarch mewn cyfarfodydd llenyddol:

> Gwelwch yma, dyma'r dyn
> Llawn o dalent Llaindelyn.

Ym 1905, ac yntau'n 36 oed, fe'i cymhellwyd i sefyll arholiad Cyfundebol y Methodistiaid, a daeth yn gyntaf gan ennill y Fedal Aur. Seiri meini yn torri geiriau ar gerrig beddi oedd ei hen ewythrod, ac fe brentisiwyd W. J. i'r gwaith hwnnw hefyd, a dyna fu'n ei wneud ar hyd ei oes. Priododd â Sarah o Lanfachraeth ac aeth y ddau i fyw i Fodfeurig, ond roedd ei weithdy yn dal dros y ffordd ar dalcen Llaindelyn. Mae gen i gof da i Gwilym Jones, perchennog Garej Elim, ddefnyddio'r gweithdy i gadw olew ac yn y blaen. Gan fod pentref Elim ryw filltir o Landdeusant, roedd yn naturiol i W. J. ddewis 'Deusant Môn' yn enw barddol, yn deyrnged i'w fro fabwysiedig.

Ganwyd pedwar o blant i W. J. a Sarah – William (m. 1969), a briododd efo Kate o Garreg-lefn, sef chwaer i dad William Owen Borth-y-gest, sydd wedi anfarwoli cymaint ar ei bentref genedigol; Ifor (m. 1958), a oedd yn rhoi lifft i mi i'r ysgol pan oedd yn brifathro yn Rhosneigr (y dyn oedd yn cael dwsin o wyau bob nos Wener); Hugh (m. 1974), a fu'n athro Cymraeg yn Ysgol Dinas Brân, Llangollen. Un o'i ddisgyblion oedd Islwyn Ffowc Elis a fu'n canmol ei hen athro mewn aml sgwrs ar y radio; ac yn olaf, Mair y ferch sy'n dal i fyw yn nhŷ ei rhieni yng Nghemaes, ac 'Elim' ydi'r enw arno hefyd.

Mae llawer o englynion Deusant Môn i'w gweld ar gerrig beddi'r ardal, ac mae'n rhyfedd meddwl mai fo a'u torrodd ar y cerrig hefyd, gan mai dyna oedd ei waith. Dyma un i Hugh Owen, Rhyd-y-coed, blaenor yng Nghapel Elim a fu farw ym 1902:

> Huw Owen annwyl hunodd – yn Iesu
> Yr hwn drwy'i oes ddilynodd,
> I'w breswyl nefol brysiodd,
> Aeth i fyd sydd wrth ei fodd.

Dyma un arall sydd ar gof a chadw yn yr ardal:

GHANDI

Dyn cenedl yn dwyn cyni – er ei mwyn
Merthyr mâd yw drosti,
Gwladgarwr, ei harwr hi,
A'i hundeb byw yw Ghandi.

Bu farw Deusant Môn ym 1945 yn 78 oed.

Byddai llawer ohonom yn ymgynnull ar nosweithiau braf yr haf ar groesffordd ar gwr y pentref, wrth ymyl Neuadd Bentref Llanddeusant. Byddai hen fachgen yn dod atom weithiau ac yn dweud straeon am yr amser pan oedd o yn America. Roedd o braidd yn gynnil efo'r gwirionedd, ddudwn ni fel'na:

'Dwi'n cofio, w'chi hogia,' meddai John Pritchard, 'mynd i 'redig ryw fora dydd Llun efo gwedd o geffylau, a rhoi fy mag bwyd i lawr wrth y ffens cyn cychwyn. 'Sgynnoch chi ddim syniad pa mor fawr oedd y cae, hogia bach, dim syniad. Wyddoch chi y byddai hi'n bnawn dydd Mawrth arnaf yn cyrraedd yn ôl at yr hen fag bwyd? Ffact i chi!'

Dro arall, troi at gael swper cynhaeaf y byddai:

'Dwi'n cofio, 'chi hogia, cael swper cynhaeaf. Wyddoch chi fod y bwrdd yn chwarter milltir o hyd? Ffact i chi! Ac yn llydan, hogia bach, efo trol a mul ar ei ganol, yn cario mwstard o un pen i'r llall, coeliwch neu beidio!'

Peidio â choelio oeddem ni naw gwaith allan o bob deg, ond chwarae teg i John Pritchard, roedd yn werth gwrando arno, yn enwedig pan oedd o'n sôn am y wraig nad oedd ymhlith y goreuon efo gwyddor cartref. Yn ôl ei gŵr, byddai'n cario arian iddi efo rhaw drwy'r drws ffrynt, a hithau'n mynd â nhw allan drwy'r cefn efo shefl, felly doedd o byth yn dod i ben.

Efallai fod y pentref wedi magu llawer un a oedd yn medru dweud stori. Clywais lawer o sôn am Richard Jones y Faelog, er nad oedd o'n wreiddiol o'r pentref chwaith. Fe'i ganwyd yn Llanrhuddlad mewn bwthyn bach o'r enw Twll-y-gath. Wir rŵan! Dyna oedd enw'r lle! Byddai'n brolio bob amser fel y byddai'n croesi'r Bay of Biscay mewn 'ffôrs 15 *gale*', a llawer i siarc yn cael eu golchi ar fwrdd y llong.

'Be' fydda chi'n neud efo nhw Richard Jones?' holai ambell un.

'O, dim ond cic iddyn nhw yn ôl i'r môr i'r diawl, 'chi.'

Ond roedd pawb yn gwybod mai dim ond o Gaernarfon i Nant Gwrtheyrn i weithio yn y chwarel oedd hynny o fôr a welodd o erioed.

Stori arall ganddo oedd honno amdano'n mynd i Lundain ym 1920:

'Siarad ar gongl y stryd efo Lloyd George, a pwy basiodd ond y Brenin ei hun mewn coets fawr, a chlywais o'n blaen yn holi'r dyn pwysig yr olwg oedd efo fo, "Pwy oedd hwnna'n siarad efo Richard Jones d'wch?"'

Y ddau hogyn mwyaf direidus yn y pentref yr adeg honno oedd Wil Bach Tŷ Capel a Harri Lloyd. Bob tro y byddent yn mynd heibio Faelog, cartref Richard Jones, byddai'n rhaid cnocio'r drws a rhedeg i ffwrdd. Gan mai bwthyn isel oedd o, tric arall oedd mynd i ben y to a rhoi hen sach dros y corn simdde nes byddai'r tŷ yn llenwi efo mwg mewn dim o dro, gan fod yno dân mawr bob amser.

Rhyw ddiwrnod, aeth Wil a Harri i siop Hugh Rolant a phwy oedd yn digwydd bod yno ond Richard Jones yn nôl dipyn o negas.

'Pot o farmalêd, os gwelwch yn dda, Mr Rolant,' meddai.

Hugh Rolant yn estyn y pot iddo.

'Welwch chi hwn?' meddai Richard Jones yn ddigon uchel i'r ddau ddireidus glywed, a dangos y Goli oedd ar label y pot, 'Mae gen i un fel hyn yn y cwt yn yr ardd, a welsoch chi ddim byd ffyrnicach erioed. Rhaid i mi gadw'r cwt wedi'i gloi rhag ofn iddo ddianc a gwneud difrod mawr yn y pentra 'ma.'

Roedd y ddau fach yn glustiau i gyd, ac allan â Richard Jones heb gymryd dim sylw o'r naill na'r llall. Bob tro y byddai Wil a Harri yn mynd heibio'r Faelog wedyn, byddai Richard Jones yn rhuthro allan o'r tŷ, rhedeg i ben yr ardd a bygwth agor y clo ar y cwt, a byddai'r ddau ddireidus yn rhedeg adref nerth eu traed nes y byddai'n amhosib i Usain Bolt hyd yn oed gadw i fyny efo nhw.

Pan fyddai Tommy Farr neu focsiwr arall go enwog yn paffio, a chan mai dim ond dwy neu dair weiarles oedd yn y pentref i gyd, byddai hanner dwsin neu fwy o lanciau yn ymgynnull yn nhŷ Bob Owen i wrando ar y ffeit. Mynd yn ddistaw bach a wnaeth Wil a Harri a thynnu'r weiran *'earth'* a oedd yn mynd o fol y radio i'r ddaear tu allan i'r tŷ. Wrth gwrs, aeth y peiriant yn hollol fud, ac erbyn i bawb sylweddoli beth oedd wedi digwydd, roedd y ffeit drosodd a'r ddau walch yn ddigon pell i ffwrdd.

Direidus yn fwy na dim oedd y ddau. Doeddan nhw'n gwneud dim drwg i neb – hwyl oedd y cwbl, a chaem lawer o sbort wrth adrodd yn yr ysgol beth oeddan nhw wedi bod yn ei wneud y noson gynt. Er bod Richard Jones wedi gadael y fuchedd hon ers tua 1926, byddai Wil a Harri'n sôn llawer amdano nes iddyn nhw hefyd fynd yr un ffordd, ddiwedd y ganrif ddiwethaf. Mae'n siŵr bod hogia heddiw'n cael cymaint o hwyl, ond yr unig wahaniaeth ydi nad oes 'run ohonynt i'w weld allan gyda'r nos. Oes hollol wahanol – teledu, tecstio, a chyfrifiadur ydi hi heddiw, a waeth i mi na neb arall o'm cenhedlaeth geisio'u deall nhw, mwy nag oedd i flaenoriaid Elim geisio deall direidi Wil a Harri yn y 1920au.

Erbyn hyn mae'n 1956 ac yn amser i minnau hel fy nhraed, gan fod Brwynog yn mynd i'm gorffennol a minnau'n gadael i wasanaethu'r Frenhines.

Golygfa 4

Hwn ofalodd am filwyr – a rhannu
Pob rhinwedd yn eglur;
Hynod yw un saif fel dur,
Yn lusern pob achlysur.

Y Côl Yp

Mis Medi 1956 oedd hi pan ddaeth y llythyr acw, ond roeddwn i'n barod amdano ers tipyn, ac yn gwybod yn iawn ei fod ar ei ffordd. Roedd pob llefnyn dros 18 oed yn cael un 'run fath. Ia, sôn ydw i am y Gwasanaeth Cenedlaethol – y *National Service*.

Roedd gwasanaeth milwrol wedi bod mewn grym ym Mhrydain o 1916 tan 1920, ac fe'i cyflwynwyd eto wedyn o 1939 hyd 1963. Yn un peth, mae'n rhaid edrych arno yn ei gyd-destun cymdeithasol a hanesyddol. Ar 5 Gorffennaf 1945, lai na deufis ers i'r Almaen ildio yn ddiamod, a mis cyn i Siapan wneud yr un peth, roedd hi'n etholiad cyffredinol ym Mhrydain. Rhaid oedd selio'r blychau pleidleisio am dair wythnos wedi'r dyddiad er mwyn cyfri pleidleisiau'r milwyr a oedd yn gwasanaethu dramor. Llafur enillodd efo mwyafrif o 146 o seddau, er mawr syndod i bawb, yn enwedig y Torïaid a'u harweinydd, Winston Churchill, a oedd wedi arwain y wlad drwy flynyddoedd y rhyfel. Yn ôl pob sôn, roedd Mrs Churchill yn falch. Byddai'n fendith i'w gŵr gael gorffwys am ei fod wedi bod mewn uchel swydd ers rhai blynyddoedd, a da o beth fyddai iddo gael rhoi ei draed i fyny am dipyn; dyna oedd ei barn hi.

'Fydd o'n fendith i'r wlad sy'n fater arall,' oedd barn Winston.

Ar ôl cyflwyno ei ymddiswyddiad i'r Brenin Siôr VI, gadawodd Churchill Balas Buckingham mewn Rolls Royce efo sioffyr wrth y llyw. Hanner awr yn ddiweddarach dyma Mrs Attlee yn dreifio'i gŵr, Clement, mewn Standard Ten bregus i iard y Palas. Ychydig iawn o gefnogwyr Llafur oedd ar y Mall yn bloeddio 'We want Attlee!'

Roedd Mrs Attlee wedi bod yn gyrru ei gŵr o gwmpas y wlad i areithio yn ystod yr ymgyrch etholiadol a rŵan, roedd hi'n mynd â fo i gusanu llaw'r Brenin, ac roedd hyd yn oed hwnnw'n cyfaddef bod y canlyniad yn sioc fawr i bawb.

Doedd hi ddim yn rhyw chwyldro anferthol, yn sicr, doedd hi ddim i'w chymharu â'r hyn ddigwyddodd yn y Bastille ym 1790 nac yn Rwsia ym 1917, ond roedd hi'n newid byd a newid ar y drefn serch hynny.

Dau beth oedd ar feddwl pawb a bleidleisiodd dros Lafur: yn gyntaf, nad oedd rhyfel i fod byth eto, ac yn ail, na fyddai'r wlad fyth yn mynd i'r stad economaidd yr oedd hi ynddi ym 1939, wedi blynyddoedd o ddirwasgiad. Roeddan nhw'n credu fod gan Churchill a'i blaid fwy o ddiddordeb mewn polisïau tramor na rhai cartref. Plaid y ciw dôl oedd y Torïaid yn eu tyb nhw. Roedd pawb am weld Prydain newydd, a gwelwyd Attlee fel yr union ddyn i gyflawni hynny.

Roedd o wedi addo yn ei faniffesto y byddai'r pyllau glo a'r rheilffyrdd yn cael eu gwladoli. Addewid arall oedd Gwasanaeth Iechyd a oedd i fod am ddim i bawb o'r crud i'r bedd. I allu cyflawni hyn, cafwyd benthyciad o $3.4 biliwn gan yr Unol Daleithiau ar log o ddau y cant. Roedd o'n ddigon i Attlee ddechrau ar ei chwyldro.

Ond ar ôl chwe blynedd hir o ryfel gwaedlyd, roedd pobl yn teimlo eu bod nhw'n haeddu 'ffrwyth y fuddugoliaeth' hefyd. Yn lle hynny, be' gawson nhw? Ciwio am fwyd, prinder nwyddau sylfaenol a dogni ar bopeth yn y siopau.

Dyma beth oedd rashiwns un person am wythnos ym 1946: gwerth swllt a dwy geiniog o gig; tair owns o facwn; wyth owns o siwgr; dwy owns a hanner o de; dwy owns o fenyn; dwy owns o gaws; pedair owns o farjarîn, a dau beint a hanner o lefrith. Hyn am wythnos, cofiwch! Wedyn, un ŵy bob pythefnos a 12 owns o bethau da (da-da, fferins, galwch nhw be' fynnoch chi) y mis. Ac yn aml iawn roedd yn rhaid ciwio am oriau i gael eich nwyddau. Roeddan nhw'n ddyddiau caled, ac mi barhaodd y dogni tan 1954, ond fel y soniais, doedd o ddim yn effeithio mor ddrwg arnom ni yng nghefn gwlad.

Er bod y rhyfel wedi dod i ben, roedd 'na wrthdaro yma ac acw o gwmpas y byd. Roedd India'n cael annibyniaeth oddi wrth Brydain, ac roedd y wlad yn cael ei rhannu i greu Pacistan; roedd Israel bellach wedi cael ei chreu'n wladwriaeth, a dwy filiwn wedi eu gorfodi oddi yno i Balesteina; ac roedd Corea'n corddi, a rhyfel ar y gorwel yno. Oedd, roedd gan Attlee ddigon ar ei feddwl. Yn un peth, roedd yn rhaid gweithredu polisi nad oedd neb o'i flaen wedi ei weithredu, sef dod â gwasanaeth milwrol gorfodol i rym mewn cyfnod o heddwch. Oedd, roedd o wedi cael ei gyflwyno ar adegau o ryfel ac am gyfnod yn union wedi hynny, ond dyma'r tro cyntaf mewn cyfnod o heddwch. Bu dadlau poeth yn ei gylch yn Nhŷ'r Cyffredin. Roedd Attlee'n amharod iawn i wneud penderfyniad, gan ddal at draddodiad heddychlon

Llafur. Rhagor na blwyddyn wedi i'r rhyfel ddod i ben, roedd rhai o'r milwyr yn dal heb gael dod adref o bellafion byd, lle'r oedd eu hangen i gadw'r heddwch ac i helpu mewn ffyrdd eraill. Rhwng popeth, roedd y pwysau'n cynyddu ar y llywodraeth, ac ym 1946 fe gododd Attlee'r pwnc unwaith eto. Roedd gwahaniaeth barn mawr yn y Cabinet, ond yn y diwedd, trodd y fantol o blaid gwasanaeth milwrol.

Blwyddyn o wasanaeth a gynigiwyd i ddechrau, ond pan glywodd Montgomery am hyn, mi wylltiodd yn gacwn gan ddadlau nad oedd hynny'n ddigon i droi dyn cyffredin yn filwr, felly, cytunwyd ar 18 mis yn gyfnod y gwasanaeth.

Gorfodwyd dros ddwy filiwn o fechgyn fel fi i'r lluoedd arfog rhwng 1946 a 1960 pan ddaeth i ben, ac roedd pob bachgen a aned rhwng 1928 a 1939 yn gorfod mynd. Roedd y Gwasanaeth Cenedlaethol yn effeithio ar filiynau o deuluoedd a doedd 'na ddim pwnc arall yn cael mwy o sylw yng nghartrefi pobl yn y blynyddoedd hynny. Rhaid cofio nad oedd llawer o hogia'r Gymru wledig erioed wedi bod ymhellach nag ychydig filltiroedd o'u cartrefi. Doeddwn i ddim wedi bod ymhellach na'r Rhyl ar y pryd, a dweud y gwir. Ac ar ôl rhyw dri mis o ymarfer, roedd 'na siawns dda y byddai llawer ohonynt yn cael eu hel i ryw wlad dramor nad oedd nifer ohonynt erioed wedi clywed amdani, megis Cyprus, Aden, Hong Kong, Malta, Kenya a Corea. Yr unig wlad adnabyddus, lle'r oedd rhai'n cael eu hanfon, oedd yr Almaen.

Roedd o'n mynd â dynion i ryw fath o fyd arall, sef hyfforddi ar gyfer rhyfel. Ond lleiafrif bychan o'r ddwy filiwn a welodd unrhyw ymladd. Gan fod y Rhyfel Oer yn ei anterth, roedd paratoi i wynebu'r Undeb Sofietaidd yn fwy o bosibilrwydd, ac roedd pawb yn gweddïo'n ddefosiynol na fyddai'r fath beth fyth yn digwydd.

I'r rhan fwyaf, roedd bod ar Wasanaeth Cenedlaethol yn

Martha Hughes, fy hen nain.

Nain Pencarnisiog, o flaen ei chartref, lle bûm yn lodjio.

Dosbarth Ysgol Sul Capel Elim yn 1954. Fi ydy'r cyntaf ar y chwaith.

Dyma fi, yn 10 oed yn Ysgol Pencarnisiog mewn llun a dynnwyd yn 1947. Fi ydy'r ail o'r dde yn y rhes flaen.

Fy ngwraig Audrey yn chwech oed.

Priodas Mam a John, fy nhad, yng Nghapel Gilgal, Bodedern yn 1936.

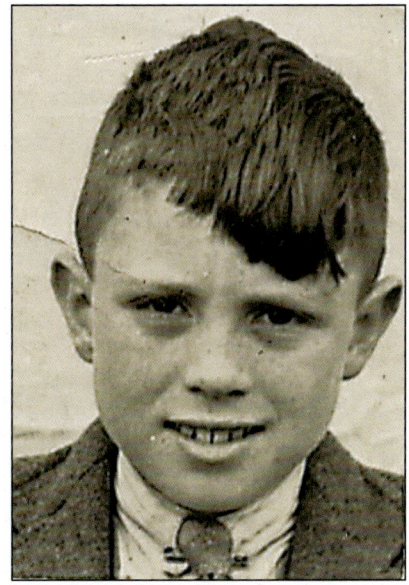

Jean, fy chwaer, yn saith oed.

Fi, yn 10 oed.

Fi, Jean a Kit y ci yng nghowt y Bont yn 1949.

Dau ffrind. Fi a Tomi Ty'n Ffordd (chwith) ar ddechrau'r 50au.

Ew, dyna i chi hogyn smart! Fi yn 20 oed yn iwnifform y Gwarchodlu yn 1957.

Dyna chi ddau olygus! Fi ac Emyr Williams, Bodfeddan, yn 1958.

Aelodau o ddosbarth drama Llanddeusant yn derbyn cyfarwyddyd gan yr enwog John Hughes, Stamp wrth baratoi ar gyfer cynhyrchiad o'r ddrama *Jonny Myfanwy*.

Ein priodas ni yng Nghapel Ty'n y Maen, Llanfugail - Chwefror 29, 1964.
Gwilym Bennett oedd y best man; fy chwaer, Jean, oedd y forwyn briodas,
a'r Parch. D.G.Hughes wnaeth ein priodi ni.

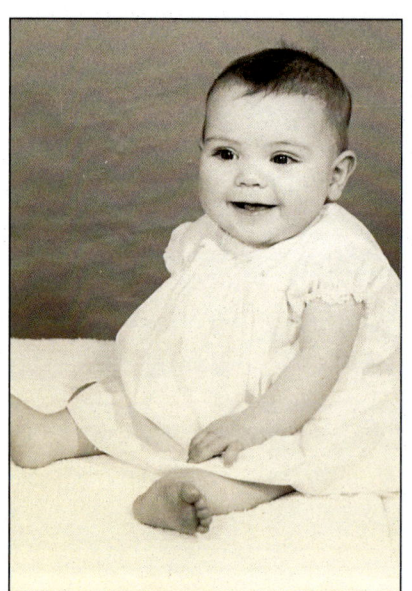

Eirian yn wyth mis oed.

Meirion yn wyth mis oed.

Fy mam, Jane Jones (Roberts) ac fy llys dad, Owen Roberts (Taid Castell).

Dathlu ein Priodas Arian, 1989.

Ein cartre', Plas Gwyn.

Dau ddiwyd. Huw Pedr a fi wrth ein gwaith yn ôl yn yr 80au.

Mae'n well i mi beidio cymysgu sement yn fy nillad gora!
Diwrnod priodas fy merch, Eirian.

Fi a'n ffrind David Kay o Blackburn yn gorffwyso ar Ynysoedd y Shetland!

Carnifal Llangefni yn 1977. Tony ac Eirian yn dathlu Jiwbili'r Frenhines.

Ar ddechrau'r daith i'r capel ar ddiwrnod priodas Eirian.

Audrey a finnau ym Mrwsel yn 2003, hithau yn Gadeirydd Cymru
Sefydliad y Merched ar y pryd.

Ninnau efo John Edward Lewis o Brisbane – disgynnydd o deulu Mam a
ymfudodd i Awstralia. Roedd wedi dod draw i Gymru i ddarganfod mwy
am ei deulu.

Fi ac Owen Huw Evans ar set
Madam Wen.

Audrey a finnau fel ecstras yn y
ffilm, *Madam Wen* yn 1981.

Dafydd Clwyd a finnau yn torri ein syched tra'n ffilmio *Madam Wen*.

Fi, Robat Trefor, ac Audrey mewn golygfa o ddrama gan y
Parch Edgar Jones yn Theatr Fach.

Y cynhyrchiad *Pawb a'i farn* gan John Richard Williams yn Theatr Fach,
Mawrth 2017. Rhes gefn o'r chwith i'r dde: Dilwyn Griffiths, fi, Huw Rees
ac Arwel Stephen. Rhes flaen: Lois Mererid, yr awdur a Marlyn Samuel.

Y teulu wedi dod at ei gilydd mewn drama yn Theatr Fach 2005. Fi a
Meirion yn y cefn, ac yna, o'r chwith, Eirian, Gareth ac Audrey yn y blaen.

Enillwyr Tlws y Ddrama yng Ngŵyl Ddrama Corwen. *Seimon y Swynwr*
gan Wil Sam oedd y ddrama, a'r actorion o'r chwith i'r dde:
Arwel Stephen, Manon Prysor, Eirian, fi.

Cyfnither Audrey, Eirian a'i gŵr Berwyn yn 1985.

Fy nghyfnither Gwen, a'i gŵr, Iorwerth.

Y Mini bach, car Taid Castell, yn yr Amgueddfa Foduro ym Mhorthmadog.

Ni'll dau a Thomas Arthur Hughes yn agoriad swyddogol
Canolfan Pencarnisiog yn 2007.

golygu treulio'ch amser yn un o'r gwersylloedd enfawr a oedd ar hyd a lled y wlad. Cafodd miloedd eu hyfforddi yn Park Hall ger Croesoswallt, cartre'r *Royal Artillery*, er enghraifft. Camp Catterick – Catraeth – nid nepell o Richmond, Swydd Efrog oedd y mwyaf o ddigon, a'r lleiaf deniadol hefyd meddan nhw. Hwn oedd depo hyfforddiant y *Royal Signals* a'r *Armoured Corps*, a'r bechgyn yn dal i gofio'r arwydd wrth adael y trên, sef Signals i'r dde a phawb arall i'r chwith.

Yng nghanol y 1950au roedd 18,000 o filwyr yno'r un pryd, ac roedd hi mor ddi-drefn fel bod rhai yn diflannu'n gyfan gwbl o dro i dro. Mae 'na hanesyn am un *signalman* o flaen ei well, ar gyhuddiad o fod ar ffo o'r fyddin, ond canfuwyd nad oedd o wedi bod allan o'r gwersyll o gwbl. Wedi bod yn cuddio yn y toiledau yr oedd o, ac yn mynd i'r gegin liw nos i ddwyn bwyd. Bu'n byw felly am chwe mis!

Roedd y barics i gyd naill ai'n hynafol ac yn dyddio o gyfnod Rhyfel y Crimea, neu'n adeiladau tila wedi eu lluchio i fyny rywsut-rywsut rhwng y ddau ryfel, cyn adeiladu barics mwy modern mewn llefydd fel Caterham a Chelsea. Roedd y ffens a oedd yn amgylchynu pob camp yn derfyn didostur a chreulon. Adeiladwyd Wal Berlin ym 1961, ond cyn hynny, llinell wen wedi cael ei phaentio rhwng dwy goeden oedd y ffin a'r unig 'rwystr' i danciau'r Comiwnyddion rhag mynd i'r lle fynnon nhw yn Ewrop. Ar y llaw arall, roedd milwr a oedd yn gwneud ei hyfforddiant yn gorfod mynd heibio ffens o weiran bigog a chŵn Alsatian ffyrnig os oedd o isio mynd allan i nôl bag o jips!

Ychydig iawn o fechgyn a fyddai wedi aros yn yr ysgol hyd at ddeunaw oed yn y blynyddoedd hynny. Roedd y rhan fwyaf wedi gweithio am sawl blwyddyn cyn cael eu galw i fyny.

Doedd 'run o'r bechgyn yn cael mynd i gatrawd o'i ddewis neu o'i fodd. Roedd f'ewyrth Bob, brawd fy mam, wedi gwirfoddoli adeg y Rhyfel Mawr a chael ei hun yng nghatrawd y *Sherwood Foresters*, sef y *Derby & Notts Light Infantry*. Roedd o wedi gadael yr ysgol yn 13 oed ac wedi mynd i weithio ar fferm – tybed faint o Saesneg oedd ganddo? Fawr ddim, mae'n siŵr. Ac felly'r oedd hi adeg y Gwasanaeth Cenedlaethol. Doedd neb yn cael ei hun mewn gwersyll a oedd lai na 30 milltir o'i gartref, a'r rheswm am hynny oedd rhag ofn iddyn nhw ei heglu hi am adref bob cyfle.

Mi fues i'n lwcus, felly, o gael fy anfon i'r Gwarchodlu Cymreig, y *Welsh Guards*. Bosib eu bod nhw angen dynion ar y pryd, wn i ddim.

Codwyd y gatrawd ar 26 Chwefror 1915 – bum mis ar ôl dechrau'r Rhyfel Byd Cyntaf, mewn ymateb i alwad David Lloyd George am sefydlu byddin Gymreig. Hyn er gwaethaf sylw'r Arglwydd Kitchener i beidio 'byth ag ymddiried mewn catrawd sydd yn hollol Gymreig.'

Un o'r swyddogion yn y bataliwn cyntaf ym 1915 oedd Capten R. G. W. Williams Bulkeley, Baron Hill, Biwmares. A phan fu farw Lloyd George ym 1945, roedd ganddo bedwar o wyrion yn y lluoedd arfog, a threfnwyd iddynt gael eu hedfan adref i'r angladd. Roedd un ohonynt, Yr Is—gapten Owen Lloyd George yn aelod o'r Gwarchodlu Cymreig a dim ond cael a chael i gyrraedd adref awr cyn yr angladd a wnaeth o. Yr oedd wedi hedfan o Wlad Pwyl gyda pheilot o'r wlad honno wrth y llyw, a hwnnw heb unrhyw wybodaeth am Gymru o gwbl, a dim ond atlas ysgol i'w gyfeirio at Lanystumdwy!

Llythyr neis iawn a gefais innau ym mis Medi 1956, yn gofyn, plîs awn i i Wrecsam i gael archwiliad meddygol a chofrestru. Ia, 'plîs', cofiwch! Ond petawn i wedi peidio â mynd, byddwn yn wynebu dirwy o £100. Yn rhyfedd iawn, roedd yr awdurdodau'n cymryd arnynt mai eich dewis chi oedd gadael iddyn nhw wybod eich bod yn 18 oed. Ond roeddan nhw'n gwybod yn iawn am eich bodolaeth o'r funud y'ch ganwyd chi. Wrth gofrestru, roeddach chi'n gadael iddyn nhw wybod beth oeddan nhw'n ei wybod yn barod, ac roedd hynny'n gwneud y peth yn swyddogol.

Mi gafodd llawer o hogia ifanc amser caled iawn wrth wneud eu Gwasanaeth Cenedlaethol, yn wir, fe gollodd nifer eu bywydau mewn rhyfeloedd. Ond ychydig cyn i mi ymuno efo'r Gwarchodlu Cymreig, roedd y bataliwn newydd ddod yn ôl o'r Aifft, felly, roeddwn i'n rhy hwyr i fynd dramor y tro hwnnw. A phan ddaeth yn amser mynd dros y môr unwaith eto – i Ferlin y tro hwn – mi gollais fy nghyfle eto am fy mod o fewn dau fis i orffen fy nhymor yn y fyddin. Felly, ar wahân i gyfnodau hyfforddi mewn gwahanol lefydd, yn Llundain y treuliais i'r cyfan o'm cyfnod o Wasanaeth Cenedlaethol, a chyfnod difyr oedd o hefyd o edrych yn ôl.

Dwy flynedd oedd y gwasanaeth i fod, a'r cyflog yn bunt ac wyth swllt (£1 8s 0d) yr wythnos, ond os oeddach chi'n arwyddo am dair blynedd – sef ymuno â'r fyddin go iawn os leciwch chi – roeddach chi'n cael £6 a 10 swllt yr wythnos – swm anferthol o gofio mai tua £2 yr wythnos oedd cyflogau llawer un gartref.

Yn y barics yn Wrecsam roedd Hugh Roberts, bachgen o Gaernarfon (ond yn wreiddiol o Lanfaethlu, Môn) yn cofrestru o fy mlaen i, a rhywbeth yn debyg i hyn oedd y sgwrs rhyngddo fo a'r Sarjiant (yn Saesneg wrth gwrs):

Sarjiant: Enw dy dad?
Hugh: John Meical
S: Ei waith o?
H: Gweithio ar ffarm.
S: Lle ganwyd o?
H: Llanfairynghornwy

S: Lle ffwc mae fanno?

H: Sir Fôn.

S: Sir Fôn?

H: Ia, Sir Fôn.

S: O. Be' 'di enw dy fam?

H: Jane

S: Be' 'di'i gwaith hi?

H: Cadw Tŷ Capel.

S: Lle ganwyd hi?

H: Llechcynfarwy.

S: O, 'rarglwydd! Yli, dos â'r ffurflen 'ma adra efo chdi a llenwa hi, wir Dduw, a phostia hi'n ôl ata i'n reit handi. Iawn? *Next!*

Ar ôl cofrestru, aeth tua deg ohonom drwodd i ystafell arall lle'r oedd pedwar meddyg yn aros i roi archwiliad i ni. Roedd tri ohonyn nhw'n ddynion wedi ymddeol, a doeddan nhw ddim mymryn o isio bod yno yn ôl yr olwg ar eu hwynebau. Merch oedd y llall, a honno'n dipyn iau na'r dynion. Dyma orchymyn yn dod inni dynnu amdanom, bob cerpyn, a phawb yn gwneud ei orau i guddio ei rannau preifat. Doedd hi ddim yn gynnes iawn yno chwaith, ac roeddem ni'n groen gŵydd i gyd. Dyma un o'r meddygon ataf, dyn wrth ryw drugaredd, a gofyn i mi agor fy ngheg yn fawr, a dyma fo'n dechrau procio tu mewn iddi efo darn o bren fel coes lolipop mawr.

'Fyddwch chi'n diodda efo peils?' holodd, ond fedrwn i wneud dim ond ysgwyd fy mhen a cheisio dweud 'Na'.

Dyma fo i'r gwaelod wedyn a dechrau archwilio, wel, y bwndel blêr sydd gan bob dyn rhwng ei fotwm bol a'i bengliniau. Dyna lle'r oedd o'n symud fy mhetha fi o un ochr i'r llall fel pendil cloc, pan ofynnodd a oedd yna salwch meddwl yn y teulu?

Cyn i mi gael cyfle i ateb dyma fo'n dweud wrtha i am blygu i lawr nes roedd fy nhrwyn i ar y llawr teils bron, a dyma fo'n mynd tu ôl i mi a dechrau archwilio fanno efo'i ddarn pren a gofyn a oeddwn i wedi cael tynnu fy nhonsils! Anhygoel!

Roedd bachgen o Langollen wedi bod yn anlwcus i gael y ledi doctor i'w archwilio, ac yntau wedi mynd yn reit gynhyrfus wrth iddi bwnio efo'i darn pren o gwmpas ei breifats, a phan welodd hi beth oedd yn digwydd, dyma hi â phelten ffyrnig iddi efo'i darn pren, a dyma'r creadur yn rhoi bloedd dros y lle a throi at y boi agosaf a dweud: ''Ddylis i'n siŵr ei bod hi wedi hitio'i phen hi i ffwrdd!'

Cael potel fechan wedyn i wneud dŵr ynddi. Wel, fedrwn i ddim gwneud diferyn. Roedd Hudson, boi o Brestatyn a oedd wrth fy ochr, wedi cael peint neu ddau o gwrw cyn dod i mewn a dyma fo'n cynnig ei llenwi hi imi. Ar hynny, dyma un o'r meddygon yn troi'r tap ymlaen, a dyna ryddhad mawr a phawb yn llenwi ei botel. Pawb ond Hudson – roedd ei ffiol o yn fwy na llawn yn barod, a dyma un o'r doctoriaid yn rhuthro ato a rhoi pwced wrth ei draed ar ôl ei glywed yn gweiddi.

Mi basiodd pawb yr archwiliad 'yn A1', fel maen nhw'n dweud, er, dwi'n siŵr fod hynny wedi'i farcio i lawr yn barod cyn inni gael yr archwiliad. Wel, pawb ond un. Roedd bachgen efo sbectol â gwydrau trwchus iawn arni wedi cael ei farcio'n B1.

'Wnei di ddim i'r Guards,' meddan nhw wrtho. Yn rhyfedd iawn, gwelais yr hogyn hwnnw ryw ddwy flynedd wedyn yn dreifio tanc o bob dim! Ia, tanc anferth yn pwyso 30 tunnell, ond mae'n siŵr nad oedd yn rhaid iddo osgoi dim byd efo hwnnw, dim ond mynd dros bopeth a oedd yn ei ffordd.

Ymhen pythefnos, daeth tocyn rheilffordd drwy'r post i fynd o Gaergybi i Wrecsam lle'r oeddem ni wedyn yn cael tocynnau i Caterham yn Swydd Surrey, lle'r oedd depo'r Gwarchodlu. Lwcus bod 'na foi o ochrau Wrecsam efo ni a oedd wedi arfer mynd i Lundain, achos roedd yn rhaid mynd ar y trên tanddaearol o Euston i Victoria, a doedd gan y rhan fwyaf ohonom ddim syniad lle i fynd. Ac roedd teithio ar y grisiau symudol – yr *escalators* – yn goblyn o antur i hogia o'r wlad, coeliwch chi fi!

Doedd 'na ddim lorri dair tunnell na hyd yn oed fws mini yn aros amdanom ni yn Caterham – roedd disgwyl inni gerdded i fyny'r allt serth o'r stesion at y barics, tua hanner milltir i ffwrdd mae'n siŵr. Ar ôl cyrraedd, sefyll yn llonydd yn fanno fel lloi o flaen y gatiau anferth, ac edrych i mewn ar y lle mawr o'n blaenau. Roedd o'r un fath yn union â charchar tywyll, du. Yn sydyn, o rywle yn y cysgodion, dyma 'na sowldiwr yn ymddangos, agor y gatiau a gweiddi arnom i beidio â sefyllian yn fanno, a'n galw ni'n 'Dozy bloody turnips!' Dyma fo'n cau'r gatiau'n glep, a'n harwain ni i'r *guardroom*, sef yr adeilad cyntaf ac agosaf at y giât ym mhob barics.

Yng nghanol y stafell roedd dyn mawr yn sefyll – ar y pryd, edrychai fel pe bai'n saith troedfedd o daldra. Roedd cymaint o bolish ar ei sgidiau nes eu bod yn eich dallu bron; mwstásh bach, main o dan ei drwyn, a phob blewyn yn ei le; belt gwyn am ei ganol, cap du am ei ben a thair streipen felen ar ei big. Roeddem ni'n edrych fel deg cardotyn blêr wrth ei ochr, ac yntau'n cadw'n bell, bell i ffwrdd, rhag ofn iddo ddal rhyw haint gennym ni, m'wn.

Yn sydyn, dyma fo â bloedd, llais fel taran yn atsain drwy'r lle a ninnau oll fel llygod bach yn crynu yn ein sgidiau.

'Be' oedd dy waith di?' medda' fo wrth un.

'Becar syr,' meddai hwnnw,

'Dim syr ydw i,' meddai, 'Sarjiant ydw i. Wyt ti'n dallt?'

'Iawn syr . . . y-y-y sarjiant!'

'A chditha?' meddai wrth un arall.

'Saer sy . . . sarjiant.'

Ac felly bu hi, ond yn lle holi'r un cwestiwn, y cwbl wnaeth o efo'r gweddill ohonom oedd pwyntio'i ffon at bob un yn ei dro nes bod pawb wedi ei ateb.

'Wel, fy hogia bach del i,' meddai drachefn, 'gewch chi anghofio am hynny i gyd rŵan achos sowldiwrs dwi isio, dallt? Sowldiwrs fedr gwffio. Peidiwch â meddwl eich bod chi wedi dod i'r Gwarchodlu Cymreig i gael ponsio o flaen Buck House mewn het flewog a chôt goch. O, na, sowldiwrs fyddwch chi ar ôl i mi orffen efo chi. Dallt?'

'Ydan sy-sarjiant!' meddai pawb fel un.

'Ia, sarjiant! A chofiwch chi hynny.'

Wedyn ar ôl edrych arnom fel eryr yn chwilio am lygoden, dyma fo'n gofyn, 'Ydach chi'n nabod Mrs Phillips o Bont-y-Pŵl?'

Pawb yn ysgwyd ei ben.

'Peidiwch â phoeni hogia,' meddai, 'fyddwch chi ddim yn hir cyn dod i nabod ei mab hi.'

Ia, dyna'i ffordd unigryw o gyflwyno ei hun i ni, ac ar hynny, dyma fo'n cyfarth, 'Follow that man!' gan gyfeirio at y boi a oedd wedi agor y gatiau i ni, ac i ffwrdd â ni ar ei ôl.

Arweiniodd hwnnw ni drwy'r tywyllwch at ryw adeilad, i fyny pedwar gris concrit i'r ystafell ar yr ail lawr a fyddai'n gartref i ni am y tri mis nesaf.

Ystafell blaen, tua 80 troedfedd wrth 30 gyda 15 o welyau bob ochr a chwpwrdd gwyrdd tywyll wrth erchwyn pob gwely. Roedd yna 20 o fechgyn yno'n barod yn disgwyl amdanom i wneud platŵn cyflawn o 30. Yn y gongl isaf un ar y llaw chwith, roedd gwely arall a sowldiwr yn eistedd arno. Roedd hwn yn dipyn hŷn na'r gweddill, ac erbyn deall, *trained soldier* oedd o. Tuffin oedd ei gyfenw, saer coed wrth ei alwedigaeth ac yn hanu o Derby, os dwi'n cofio'n iawn. Yn unrhyw gatrawd arall, *Lance Corporal* fuasai fo, ond yn y Gwarchodlu Cymreig, *trained soldier* oedd ei ranc, gyda seren efydd a phum pwynt arni ar ei lawes i ddynodi hynny. Fo fyddai'n gofalu amdanom, yn ein dysgu ni sut i lanhau ein taclau i gyd, ac yn dangos sut i blygu'n dillad gwely yn y ffordd iawn gogyfer â phan ddôi'r swyddog oddi amgylch o bryd i'w gilydd i gynnal archwiliad.

Ymhen tipyn, dyma Tuffin yn dweud wrth un o'r bechgyn a oedd yno eisoes am fynd â ni i'r NAAFI, sef y *Navy, Army Air Force Institute* – neu fel y byddai'r hen stejars yn cyfeirio ato, *No Ambition and Fuck All Interest* – i ni gael Blanco i wneud ein beltiau'n wyn, Brasso i lanhau'r botymau, a pholish sgidiau. Roedd pawb yn meddwl fod y rhain i'w cael am ddim, ond talu fu raid – dan gwyno – o'n harian prin.

Ar ôl dod yn ôl i'r barac rŵm – y stafell gysgu – dyma Tuffin yn gofyn i hogyn arall fynd â ni i lawr i'r *cookhouse* i gael rhywbeth i'w fwyta. Ceid faint fynnid o de yno, ond roedd o'n oer a lliw diawledig arno fo. Fedra' neb ei yfed. Roedd 'na dipyn o fwyd wedi'i gadw i ni ar yr *hot plate*, ond roedd hwnnw hefyd yn oer erbyn hyn, a doedd neb isio hwnnw chwaith gan fod golwg braidd yn anghynnes arno, fel tasa fo wedi cael ei fwyta gan rywun o'r blaen. Ella mai rhyw fath o lobsgows oedd o, doedd o'n debyg i ddim arall. Ond rhagflas o'r hyn a oedd i ddod oedd hyn i gyd erbyn gweld.

Aethom yn ôl i'r barac rŵm yn ddigon llwglyd a digalon. Ond roedd hi'n bryd cyfarfod y bois a oedd yno o'n blaenau ni, a dechrau dod i'w hadnabod. Y peth cyntaf i'w wneud oedd holi o ble'r oedd pawb yn dod ac am faint oeddan nhw i mewn. Roedd y rhan fwyaf yno am ddwy flynedd, a thri neu bedwar i mewn am dair. Roedd hi'n anodd i ni o'r gogledd ddeall rhai o fois y trefi mawr yn siarad. Roeddan nhw'n defnyddio llawer o eiriau a oedd yn ddiarth i ni, ac yn rhegi bob yn ail air hefyd!

Hogyn o Deal yng Nghaint oedd un, o'r enw Harry Potter – ia, roeddwn i'n adnabod yr enw ddegawdau cyn i J. K. Rowling fedyddio ei dewin bach efo'r un enw! Sut oedd llanc o Gaint yn y Gatrawd Gymreig, gofynnais? O, roedd ei daid wedi bod yn yr Ail Fataliwn ym 1916, meddai, yn hollol groes i'w ddymuniad, fel y soniais eisoes. Ond pan ddywedodd Harry hynny wrthyn nhw wrth gofrestru, dyma lle landiodd o ar ei ben.

Cyn pen dim, dyma 'na gorn yn canu yn rhywle – *bugle*, hynny ydi – sef arwydd *lights out* erbyn deall, a dyma'r golau'n diffodd a phawb yn mynd i'w wely. Ond fu fawr o gysgu'r noson honno – un neu ddau'n sgwrsio'n ddistaw am oriau, ac un neu ddau'n wylo'n ddistaw yn y tywyllwch.

Ond buan iawn ddaeth y bore, a sŵn y corn yn canu eto ar ben chwech o'r gloch. Agorodd drws y stafell a daeth Sarjiant Phillips i mewn, a'i sgidiau hoelion mawr yn clepian ar y llawr coed, ond ar ben hynny, roedd yn cnocio traed y gwelyau efo'i ffon dan weiddi: 'Hands off cocks, on with socks.'

Rhuthrodd rhai o'u gwelyau a mynd allan i folchi a shafio – pawb ond y ni oedd wedi cyrraedd y noson gynt . . . roeddem ni'n rhy ara' deg o lawer ac erbyn inni gyrraedd y stafell molchi, roedd y dŵr poeth i gyd wedi mynd. Buan iawn y daethom i gynefino â shafio a molchi efo dŵr oer. Am y cwc-hows wedyn i gael brecwast. Unwaith eto, roedd faint fynnir o de a oedd yn amhosib ei yfed, ond uwd oedd yr unig beth arall y medrwn i ddweud beth oedd o. Roedd popeth arall wedi ei losgi'n golsyn bron. Dwi'n meddwl mai ŵy, sosej a bara saim oedd ar y plât, ond fedra i ddim dweud i sicrwydd chwaith, achos fwytodd neb mohonyn nhw!

Yn ôl i'r barac rŵm lle'r oedd Tuffin yn aros amdanom i fynd â ni'n syth i'r *quatermaster's stores* i gael ein dillad.

Roedd enwau popeth tu ôl ymlaen yn yr armi: *socks, grey*; *shirts, khaki*; *tie, khaki*; *greatcoat, khaki*; *blanket, wool*; a'r gorau ohonyn nhw i gyd – *irons, eating*, sef cyllell, fforc a llwy! Lluchio popeth i'n breichiau nes ein bod bron yn anweledig, cyn cael yr eitem olaf: *boots, leather*.

'Pa seis?' medda'r boi tu ôl i'r cowntar.

'Wyth a hanner,' medda' finnau, a dyma hwnnw'n chwerthin nes roedd yn ei ddyblau.

'Lle wyt ti'n feddwl ydi fa'ma? Stead & Simpson? Dyma ti seis 9, mi fydd dy draed di wedi chwyddo cyn pen yr wythnos beth bynnag.'

Ym mhen y cownter roedd disgwyl i ni arwyddo am bopeth – tasg anodd iawn efo llond eich breichiau o gêr, ac wrth drio gwneud hynny, dyma'r cwbl lot yn disgyn ar y llawr.

'You're a fucking imbecile. What are you?' meddai'r Sarjiant.

'An imbecile Sarjiant,' meddwn.

Os nad oeddem ni'n gwybod cynt, roeddem ni'n gwybod rŵan ein bod ni yn yr armi. O hyn ymlaen, roedd disgwyl i ni redeg i bob man, a'r lle cyntaf oedd i'r siop barbar i gael torri'n gwalltiau – *scalp* fuasai'r disgrifiad cywir, a dwi'n siŵr y buasai'r Apache wedi gwneud job dwtiach. Gwyddel oedd y barbwr ac roedd ci Labrador mawr du yn eistedd wrth ei draed bob amser, a doedd o ddim yn tynnu ei lygaid oddi ar ei feistr hyd yn oed pan oedd o'n torri gwalltiau!

Dyma un o'r hogia'n dweud, 'Mae'n rhaid bod y ci 'ma wrth ei fodd yn dy wylio di'n torri gwalltiau. Dydi o ddim yn tynnu ei lygaid oddi arnat ti.'

'Na, dim dyna pam mae o'n syllu arna i,' meddai'r Gwyddel. 'Weithiau mi fydda i'n torri clust i ffwrdd, a disgwyl am hynny mae o . . . a bydd, mi fydd o wrth ei fodd wedyn!'

Bwriad y fyddin, erbyn deall, oedd cael pawb i wisgo'r un fath, i edrych 'run fath ac i feddwl yr un fath.

Rhedeg wedyn i newid er mwyn mynd i'r gampfa lle'r oeddem ni'n dysgu dringo rhaffau a oedd yn crogi o'r nenfwd, a neidio dros hwn, llall ac arall. Mynd at y bariau a oedd ar y wal wedyn, lle'r oeddem ni'n gorfod hongian â'n traed rhyw droedfedd o'r llawr nes roedd ein breichiau ni fel pe baen nhw'n strejio. Corporal Evans oedd y dyn P.T. ac roedd wrth ei fodd yn ein gweld ni'n dioddef. Roedd sôn drwy'r barics mai crogwr oedd o cyn ymuno â'r fyddin. Synnwn i ddim!

Yn y dyddiau cyntaf, roeddem ni'n rhedeg cymaint o un lle i'r llall nes ein bod bron â llwgu'r rhan fwyaf o'r amser, ac roedd yn rhaid i ni fwyta rhywbeth er mor ofnadwy oedd y bwyd. Gallech yn hawdd iawn fod wedi gwadnu eich sgidiau efo'r cig – roedd 'na waith cnoi gythreulig arno fo. Roedd y sbrowts fel peli golff a'r grefi'n lympiau mawr ar ben y cyfan. Dwi'n cofio cael pwdin sbwnj un tro, efo saws wedi ei wneud efo nytmeg a sinamon ar ei ben. Roedd o'n frown golau ac roedd rhai o'r hogia'n meddwl mai grefi oedd o! 'Ych a fi, 'dan ni ddim isio grefi efo'n pwdin siŵr, sôs gwyn 'dan ni isio!'

Ambell wythnos, caem sosej efo pob dim – sosej a tships, sosej a bîns, sosej ac ŵy, neu'r gwaethaf o'r cwbl, sosej a *bubble & squeak*, ia, stwnsh cabaij! Ych a fi! Roedd y pwdin reis yn dra derbyniol; melyn neis efo surop ynddo fo, ond un diwrnod, roedd o'n ddu fel col-tar. Mae'n rhaid eu bod wedi rhedeg allan o surop ac wedi defnyddio triog yn ei le. Wrth gwrs, roedd yn rhaid golchi'r cyfan i lawr efo'r te ofnadwy hwnnw, ond yn rhyfedd iawn, roeddem ni'n teimlo'n dipyn gwell ar ôl bwyta. Arfer oedd o, fel popeth arall, ac roedd yn rhaid i ni fwyta, wrth gwrs.

Dechrau glanhau cit oedd hi wedyn, a rhoi ein rhif

personol ar bopeth ar ôl cael tamaid o dâp gan Tuffin i'w wnïo ar ein pethau. Roeddem ni wedi cael pecyn bach del yn cynnwys edau a nodwydd – *'Housewife'* oedd enw'r armi ar y pecyn yma. Fy rhif i oedd 22831626 a chan fod cymaint o Jonesiaid, Evansiaid, Williamsiaid a Griffithsiaid, roedd yn rhaid rhoi dau ffigwr olaf eich rhif o flaen eich enw, felly '26 Jones' oeddwn i i bawb. Cofiwch, roedd ambell un efo blasenw. Er enghraifft, roedd Webb yn cael ei adnabod yn Spider, ac roedd boi arall a oedd yn od o denau'n cael ei alw'n Spike.

Y gwaith mwyaf oedd cael trefn ar y sgidiau. Roedd pâr newydd o sgidiau hoelion mawr lledr ymhell o fod yn llyfn – roedd 'na lympiau bach dros wyneb y lledr i gyd. Roedd yn rhaid goleuo cannwyll a chynhesu handlen llwy a thaenu honno ar hyd yr esgid nes bod pob mymryn yn fflat a llyfn. Wedyn, byddem yn rhoi polish yn dew arni, gadael iddo sychu am dipyn a dechrau ar y *'spit and polish'* efo cadach dros eich bys. Byddai'r golau'n cael ei ddiffodd am ddeg o'r gloch ac os nad oeddech chi wedi gorffen eich cit, roedd yn rhaid mynd allan i'r tŷ bach i wneud y gweddill. Cynghorodd Tuffin ni i ddweud ein bod wedi bwyta rhywbeth nad oedd yn cytuno efo ni os oedd rhywun yn holi, ac roedd 'na siawns go lew fod hynny'n berffaith wir wrth gwrs, o gofio safon y bwyd.

Roedd y dyddiau cyntaf yn uffern ar y ddaear i ni, mae'n rhaid cyfaddef. Doeddem ni ddim yn gwybod os oeddem ni'n mynd ta dod, a phawb yn gweiddi arnom nerth eu pennau ac yn ein gorfodi i redeg o'r naill le i'r llall. Ond o leiaf roedd pawb yn cael yr un driniaeth, a neb yn cael dim math o ffafriaeth.

Y diwrnod mawr yn ein calendr cynnar ni yn Caterham oedd cael mynd i'r *armoury* i gael gwn bob un. Doedd fiw ei alw fo'n hynny chwaith – reiffl oedd o, sef .303 a oedd wedi bod gan fyddin Prydain ers dyddiau Rhyfel y Crimea fwy neu lai, a dim ond y mymryn lleiaf o newidiadau a wnaed iddo dros y blynyddoedd. Roedd yn rhaid prynu polish brown rŵan i gael hwn i sgleinio, a darn o gadach 4 x 2 – a dyna oedd yr enw arno am mai pedair modfedd wrth ddwy oedd ei faint. Clymu darn o linyn wrth hwnnw, ac yna, ei dynnu trwy'r baril i'w lanhau.

Rŵan roeddem ni'n barod i fynd ar y sgwâr i ddysgu dipyn o *drill* efo Sarjiant Phillips. Shambyls llwyr oedd ein hymdrechion cyntaf. Dychmygwch y peth: deg ar hugain ohonom mewn tair rhes o ddeg; y Sarjiant yn gweiddi '*Right turn!*' a hanner ni'n troi i'r dde a'r hanner arall yn troi i'r chwith.

Dysgu sut i godi'r reiffl i'r ysgwydd chwith wedyn, mewn tri symudiad llyfn i fod. Shambyls arall. Ond, o dipyn i beth, roeddem ni'n gwella'n raddol ac yn dechrau gwneud popeth fel un.

Os oedd rhywun yn gwneud rhywbeth o'i le, byddai Sarjiant Phillips yn bygwth ei fownsio fo. Duw a ŵyr be' oedd hynny, achos welais i neb yn *cael* ei fownsio erioed. Ond byddem yn cael archwiliad gwisg ganddo o bryd i'w gilydd, ac roedd yn edrych ar bob modfedd ohonom o'r tu blaen, ac yn gofyn yn sydyn rhywbeth fel:

'Oes gen ti dyllau yn dy sanau?'

'Nagoes Sarjiant!'

'Wel, sut ddiawl wyt ti'n cael dy draed iddyn nhw ta?'

Byddai'n mynd i gefn y rhes wedyn i edrych arnom o'r ochr honno, a chlywais o'n dweud wrth un, 'Mae 'na ddigon o saim ar golar dy grys di i ffrio tships i'r bataliwn i gyd!'

At un arall wedyn, a rhoi ei ben ar ysgwydd y truan a gofyn, 'Ydw i'n dy frifo di?'

'Nac ydach, Sarjiant.'

'Wel, mi ddylwn i fod, dwi'n sefyll ar dy effin gwallt di. Haircut amser cinio ac un arall bore fory!'

Daeth i mewn i'r barac rŵm un tro a gofyn, 'Oes rywun isio dysgu iaith dramor?'

Dau neu dri'n rhoi eu llaw i fyny. Mistêc mawr!

'Dyma chi,' medda' fo, 'gewch chi ddysgu Polish,' a dyma fo'n rhoi esgid bob un iddynt i'w glanhau!

Ambell fore, a ninnau wedi leinio i fyny ar y sgwâr yn barod am y dril, gwyddem o bell fod hwyl ddrwg arno wrth ei weld yn dod drwy'r drws. Wedi bod ar y pop y noson cynt, mae'n siŵr.

'Mae gen i iau heddiw,' fydda' fo'n ei ddweud, beth bynnag oedd hynny. 'A phan fydd gen i iau, mi faswn yn medru lluchio fy nain dros y wal 'na. Rŵan ta – *left, right, left, right!*'

Ond doeddem ni ddim yn plesio.

'Halt!' gwaeddai, cyn edrych i fyny i'r nen a dweud, 'God milk the coconuts.'

'Os gweithiwch chi efo fi, mi fedra i fod mor fwyn â llefrith eich mam. Ond tydach chi ddim heddiw, fy hogia bach del i, nac ydach? Dwi'n mynd i'ch gyrru chi rownd y sgwâr 'ma rŵan mewn *quick time* nes bydd y barics 'ma'n edrych fel cwt ieir i chi. Rŵan – *left, right, left, right!*'

Ymhen dipyn, mi ddaethom ni'n ffit drybeilig a doedd rhedeg pum milltir yn cario reiffl ac ambell bac arall yn ddim byd i ni.

B'nawn Mercher, byddai'r swyddog yn dod i'r barac rŵm a rhoi gwers i ni ar hanes y Gwarchodlu. Pa bryd y ffurfiwyd y gatrawd, sawl Croes Victoria a enillwyd gan aelodau, pwy oedd y *Commander* cyntaf, pa frwydrau fu'r tri bataliwn yn eu hymladd, ac yn y blaen. Y *Commander* ar y pryd oedd y Lefftenant-Cyrnol Bowes-Lyon, brawd y Fam Frenhines. Bu farw yn ei bumdegau cynnar – hanner oes ei chwaer gafodd o

62

fwy neu lai. Dwi'n ei gofio fo'n dod o amgylch un tro i weld sut oeddem ni'n dod ymlaen. Holi hwn a'r llall am hanes y gatrawd a disgwyl ateb cyn iddo orffen gofyn, bron. Dyma fo at fy ngwely a gofyn i mi sawl VC oedd gan y gatrawd, a chan bwy? Finnau dipyn yn ara' deg yn ei ateb.

'Come on, Jones,' medda' fo, 'you know the answer don't you?'

Dyma finnau'n egluro fy mod i'n meddwl yn Gymraeg ac yn gorfod cyfieithu yn fy mhen cyn ateb.

Edrychodd arna i'n syn, a phen hir a hwyr dyma fo'n dweud, 'My God, Jones, you must be fucking clever.' Ac wrth fynd at y gwely nesaf, mi glywais o'n dweud wrth Sarjiant Phillips, 'Didn't know we had a foreigner in here!' Bobol bach! Mi synnodd o fi braidd, a ninnau yn y Gwarchodlu Cymreig!

Gyda llaw, y ddwy VC oedd gan y gatrawd oedd Sarjiant Robert Bye o Bontypridd, a enillodd ei fedal yn Langemark ar ddydd olaf Gorffennaf 1917 – yr un diwrnod ag y lladdwyd Hedd Wyn – a'r llall gan yr Is-gapten Christopher Furness, a laddwyd mewn brwydr nid nepell o Arras, ym mis Mai 1940.

Ar ôl mis yn Caterham, cawsom ganiatâd i sgwennu llythyr adref. Rhywbeth dibwys oedd hynny yng ngolwg yr armi – roeddem ni'n gorfod gorffen ein gorchwylion eraill yn gyntaf a dim ond os oedd amser ar ôl cyn i'r golau ddiffodd am y nos y caem sgwennu. Ar ôl gorffen fy llythyr fy hun yn dweud rhyw fymryn am y lle, y bobl a hyn a llall, dyma fi'n edrych draw i'r gwely gyferbyn â mi a gweld Albert yn eistedd yn fanno a golwg 'be-wna-i?' arno fo.

Boi o ochrau Penrhyndeudraeth oedd Albert, ac roedd o'n goblyn o gymêr. Dyma fynd ato a gweld fod ei bapur yn berffaith lân – dim gair arno fo. Deellais yn syth beth oedd yn bod.

'Wnei di sgwennu drosta i?' gofynnodd i mi.

'Gwnaf os wyt ti isio,' medda' finnau, a gafael yn ei bapur a dechrau sgwennu: Annwyl Mam . . .

'Ia! Dechrau da,' medda' fo.

'Be' wyt ti isio i mi ddeud?' medda' finnau.

Dyma fo'n meddwl am funud cyn dweud, 'Uffar' o le sy' 'ma, Mam bach!'

'Fedri di ddim deud hynny, siŵr iawn,' medda' finnau, 'neu mi fydd dy fam yn poeni amdant.'

'Iawn ta,' meddai, a mynd ymlaen i ddweud, a finnau'n sgwennu ei 'bod yn rhaid gwneud popeth roedd pawb yn ei ddweud, a'n bod ni'n gorfod rhedeg i bob man – dim cerdded – a glanhau cit ydan ni tan berfeddion nos.'

Ymhen wythnos neu ddwy, daeth ateb o'n cartrefi, a phawb yn falch o gael dipyn o newyddion, er mai dim ond rhyw fis oedd ers i ni adael am yr armi. Ond unwaith eto, dim ond edrych yn ddigalon ar y llythyr yn ei law roedd 'rhen Albert. Prin yr oedd wedi agor yr amlen nad oedd o'n gweiddi arnaf i fynd ato. Isio i mi ddarllen ei lythyr yr oedd o wrth gwrs. Wel rŵan, un peth ydi sgwennu dros rywun, peth arall yn hollol ydi darllen eu llythyrau nhw. Rhyw sgwrs fach breifat, bersonol rhwng dau ydi llythyr i fod fel arfer, a doedd gen i fawr o awydd gwneud, a dweud y gwir. Ond be' arall wnawn i? Roedd yn rhaid i Albert gael gwybod be' oedd ei fam wedi'i ddweud yn doedd? A fi oedd yr unig un oedd yn gallu darllen Cymraeg yn y criw, felly dyma fynd ati.

'Fy machgen bach i,' meddai ei fam, 'paid â chymryd sylw o be' mae'r diawliad yn 'i ddweud. Dŵad wrthyn nhw am stwffio'u armi a tyrd adra!'

Mi fues i'n helpu Albert efo llythyrau am weddill ein hamser, ond mi ddylwn fod wedi cadw llythyrau ei fam ar gof a chadw – roedd pob un yn berl – ond wrth gwrs, nid fy llythyrau i oeddan nhw.

Golygfa 5

Eskimo Nell a pherlau cyffelyb

Fel y soniais, os oeddach chi'n 'seinio i fyny' am dair blynedd, roedd y cyflog yn codi i £6 a 10 swllt yr wythnos, ac roedd 'na gryn berswâd arnom i wneud hyn. Roedd y cyflog yn atyniad mawr wrth gwrs, ac roeddwn i'n eitha' mwynhau bod yn yr armi mae'n rhaid dweud, felly, penderfynais dderbyn y cynnig a seinio am dair blynedd. Roeddwn i'n regiwlar rŵan, sef sowldiwr proffesiynol.

Roeddem ni'n rêl bois ar y sgwâr erbyn hyn, ac roedd Sarjiant Phillips hyd yn oed yn rhoi ambell wên wrth ein gweld ni'n drilio'n daclus. Dwi'n ei gofio fo'n dysgu ni sut i wneud *Right Dress*, hynny ydi, troi eich pen i'r dde dros eich ysgwydd, cau dwrn a rhoi eich braich dde allan i'r ochr nes ei bod yn cyffwrdd pen braich yr hogyn agosaf atoch chi. Pwrpas hyn oedd cael y rhes yn syth fel saeth. Dyma Phillips yn edrych arnom o'r ffrynt a dweud y llinell anfarwol: 'If that line's straight, my cock's a kipper!'

Ond chwarae teg iddo fo, roedd o'n ddyn reit onest, ac ar ôl mynd ac edrych arnom o'r ochr dyma fo'n dweud, 'Well, well! That line's quite straight, so my cock must be a kipper then.'

Cofiaf orfod gosod ein cit allan ar y gwely erbyn i'r

swyddog ddod i roi arolwg yn y bore, ac mae'r stori yma'n crynhoi sut oedd bywyd yn yr armi yn fy marn i. Pawb yn sefyll yn syth wrth ei wely a hwnnw'n mynd o amgylch â golwg reit flin arno.

'I've never seen such an awful display of kit. Do it again. I'll be back to check up on you at 6.30pm,' ac allan â fo.

Wnaeth 'run ohonom gyffwrdd mewn dim na symud unrhyw eitem, dim ond eu gadael nhw'n union fel roeddan nhw. A dyma'r Is-gapten yn ei ôl ar ben 6.30 a cherdded o wely i wely, a dweud cyn mynd allan, 'That's much better. Brilliant. Why didn't you lay your kit out like that this morning? Good. Carry on.'

Tuffin yn gweiddi arna i un min nos a rhoi darn o bapur i mi, a dweud wrtha i am fynd â fo i Sarjiant Townshit yn Bloc A. I ffwrdd â fi dan saliwtio hwn a'r llall wrth fynd nes dod at Bloc A. Roedd y Sarjiant â'i gefn ataf, ond gwyddwn mai fo oedd o:

'Permission to speak,' meddwn.

'Granted,' meddai, heb droi ataf.

'A message to Sgt Townshit,' meddwn.

Dyma fo'n troi ataf, ei wyneb yn frown o liw haul yr Aifft, dau lygad glas disglair a llond ceg o ddannedd gwyn o dan fwstásh du, cyrliog.

'What?' medda' fo. 'What? What?' medda' fo wedyn, fel dwy ergyd o wn.

Dyma feddwl y dylwn newid fy steil o drosglwyddo'r neges a dweud, 'A message from Trained Soldier Tuffin for Sgt Townshit,' meddwn gan ymestyn y darn papur iddo.

Roedd y dyn yn chwyddo o flaen fy llygaid ac yn tyfu fesul modfedd pob eiliad. Roedd ei wyneb erbyn hyn yn ddu-las a'r dannedd gwyn yn 'sgyrnygu arna i fel Rottweiler cynddeiriog.

Ymestynnodd ei wyneb ryw fodfedd oddi wrth fy wyneb gwelw innau, a dweud, 'Townson! It's Townson!'

Tarodd y gair fi fel ergyd o ganon. Ro'n i'n teimlo'n chwil ulw a 'nghoesau fel jeli pan ofynnais yn wylaidd a gawn i fynd yn ôl i'r barac rŵm.

'Granted!' meddai'n flin, ac i ffwrdd â fi fel mellten.

Roedd 'na wên ddireidus ar wyneb Tuffin pan es i'n ôl, ond ddywedodd o ddim gair, na finnau chwaith.

Roeddem yn hoffi canu wrth fynd ar deithiau hir – caneuon fel 'Eskimo Nell' neu 'We're off to see the Wild West Show'. Fuasai'r un ohonyn nhw'n ennill *Cân i Gymru*, ond roeddan nhw'n cadw ni i fynd pan oeddem yn gorfod martsio deng milltir.

Roeddem ni'n gorfod dysgu rhuthro efo bidog ar ein reiffls at sachau'n llawn gwellt, a'r Corporal Brown yn dweud wrthym ni am ddychmygu ein bod yn ei roi o'r golwg ym mol y gelyn, rhoi tro sydyn ynddo a thynnu ei berfedd allan. Ond dyma fo'n gofyn i mi ar ôl y tro cyntaf, pam nad oeddwn i wedi sgrechian wrth ruthro at y sach?

'Rhaid i chi sgrechian nerth eich pen,' meddai.

'Doedd dim rhaid i mi sgrechian,' meddwn i, 'roedd pawb arall wrthi.'

'Yli, os ydw i'n deud wrthat ti sgrechian, mi wyt ti'n ffwcin sgrechian, dallt? Rŵan dos yn ôl a gwna fo dy hun,' meddai.

Hen genau o ddyn oedd Cpl Brown, wastad yn disgwyl i chi wneud rhywbeth o'i le er mwyn cael y mwynhad o'ch cosbi.

'Cofiwch Pwynt Un,' medda' fo un tro. 'Mae Cpl Brown yn iawn bob amser ... Pwynt Dau: pan nad yw Cpl Brown yn gywir, darllenwch Pwynt Un eto.'

Roeddem ni'n cael tipyn o heddwch ar ddydd Sadwrn, un ai'n chwarae rygbi neu'n plicio tatws, a chan nad oeddwn i erioed wedi gweld gêm rygbi, heb sôn am ei chwarae hi, i'r gegin y byddwn yn mynd fel rheol. Ond mi driais i redeg y lein mewn gêm un tro, ac er nad oedd gen i ddim clem am hynny chwaith, mae'n rhaid fy mod i wedi gwneud rhywbeth yn iawn achos mi ges i fynd yn ôl dair neu bedair gwaith.

O dipyn i beth, daeth y tri mis o hyfforddiant i ben, ac roeddem ni'n cael mynd adref am bythefnos dros y Nadolig cyn mynd i gamp Pirbright yr ochr arall i Surrey am dri mis arall o lafur caled.

Lorri dair tunnell aeth â ni yno, ac wrth adael Caterham gwelwn recriwtiaid newydd yn dod i fyny'r allt am y barics, yn cario eu cesys cardbord, gwallt hir gan ambell un – wel, hir yn ôl safonau'r cyfnod o leiaf – gwalltiau saim a sgidia *brothel creepers* gan eraill, ffasiwn y Teddy Boys.

'Creaduriaid diawl,' meddai pawb ohonom efo'n gilydd bron!

Roedd Pirbright yn wersyll dipyn mwy deniadol – mwy ar wasgar efallai, ond roedd pob un o'r ystafelloedd ar y llawr, a dim grisiau concrit i'w dringo. Fan yma byddem yn cael hyfforddiant ar gyfer rhyfel – dysgu sut i frwydro. Roedd Bisley i lawr y ffordd, sef safle'r fyddin ar gyfer dysgu saethu at dargedau. Gosodid rhai 200 llath i ffwrdd ac eraill 800 llath. Ond anaml iawn yr oeddem ni'n taro'r targed achos roedd y reiffls yn hen ac ymhell o fod yn gywir. Roeddem ni'n dysgu saethu *bren gun* hefyd – gwn peiriant a oedd yn gallu tanio tua 100 o fwledi'r funud. Roeddem ni'n dysgu sut i'w dynnu fo'n ddarnau a'i roi'n ôl at ei gilydd mewn byr amser hefyd. Gwneud hynny efo mwgwd ar eich wyneb oedd y prawf i weld pa mor dda oeddach chi, rhag ofn i chi orfod gwneud hynny yn nhywyllwch nos ar faes y gad.

Byddem yn cael mynd allan am noson neu ddwy hefyd,

ond nid i'r dref, cofiwch. O, naci . . . i'r caeau er mwyn ymarfer agor ffosydd – *trenches*, hynny ydi, nid ffosydd fel yr oedd hogia fferm fel fi wedi arfer eu hagor. Ac roedd y rhain yn hawdd iawn i'w hagor o'u cymharu â'r rhai y bûm yn eu hagor gartref. Y rheswm am hynny oedd eu bod wedi cael eu hagor ddegau os nad gannoedd o weithiau o'r blaen gan rai tebyg i ni ers dechrau'r gwasanaeth milwrol gorfodol. Mi fûm yn meddwl am yr hogia oedd wedi gorfod gwneud y ddyletswydd hon yn ystod gaeaf caled 1947. Duw a ŵyr sut oedd hi arnyn nhw!

Dysgu palu lle i gysgu wedyn: gwneud twll gweddol fas, chwilio am goed i wneud to drosto, ac wedyn, rhoi brigau, glaswellt a dail dros y cwbl i'w guddio rhag unrhyw elyn. Y drwg oedd fod un o'r swyddogion yn dod rownd wedyn a neidio ar eich tŷ bach twt i weld pa mor gryf oedd o! Doedd rhai ddim wedi defnyddio coed digon cryf a'r canlyniad oedd gweld y swyddog yn diflannu at ei gorn gwddw yn y pydew! Roedd hynny'n reit ddoniol a dweud y gwir. Ond roeddem ni i gyd yn falch iawn o gael mynd yn ôl i'r gwersyll erbyn amser brecwast, a fu bwyd yr armi erioed cystal, yn enwedig y te poeth.

Roedd disgyblaeth yn Pirbright yn llai llym nag yn Caterham mewn rhai ffyrdd. Doedd 'na ddim cymaint o bwyslais ar lanhau cit, ond roedd disgwyl i'r reiffl fod yn lân ar y tu mewn a'r tu allan. Byddai swyddog yn dod o gwmpas yn aml ac yn llygadu lawr y baril, a gwae neb pe gwelai lwch ynddo fo. Ond fel arfer, byddai'r hen 4 x 2 wedi gwneud ei waith.

Roeddem ni'n cael rhyddid i fynd allan o'r gwersyll ar benwythnosau, fel arfer i'r dafarn agosaf, ond weithiau byddem yn dal trên o Brookwood i Lundain, os oedd y pres yn caniatáu. Roedd stesion Brookwood tua milltir o'r camp, ac yn y pentref hwnnw ar un adeg, yr oedd y fynwent fwyaf yn y byd. Ym 1850 gwerthodd yr Arglwydd Onslow 800 acer o dir i ddinas Llundain gan fod llefydd claddu'n mynd yn brin yno. Ond mwy am hynny nes ymlaen.

Dwi'n cofio Albert yn dod ataf ryw nos Sadwrn a gofyn faswn i'n mynd i'r pictiwrs efo fo. Er mor hoff oeddwn i o 'rhen Albert, doeddwn i ddim mor awyddus i fynd allan efo fo. Y rheswm am hynny oedd bob tro y byddai Albert yn mynd allan ac yn cael peint neu ddau, neu fwy, roedd o isio codi twrw. Bob tro y byddai'n gweld y *Red Caps* – plismyn y fyddin – roedd o'n mynd yn wallgo ac yn neidio i'w canol nhw a dechrau dyrnu. Ond roedd yn sefyll i reswm mai Albert druan fyddai'n cael curfa. Lawer gwaith mi welais o'n dod yn ôl i'r camp yn waed drosto â llygad ddu, neu ddant ar goll un waith hefyd. Ond ar ôl swnian a swnian arna i, cytunais o'r diwedd i fynd allan efo fo, ar yr amod mai dim ond i'r pictiwrs yr oeddem ni'n mynd ac nid i unrhyw dafarn.

Iawn, dyma gerdded i stesion Brookwood a neidio ar y trên am Guildford. Roedd dau neu dri o'r *Red Caps* ar y platfform yn Guildford, ond chymerodd Albert ddim pwt o sylw ohonynt. Aethom i'r pictiwrs, ond does gen i ddim cof beth oedd y ffilm. Roeddwn i'n rhy brysur yn meddwl beth fyddai'n digwydd wrth fynd yn ôl i'r gwersyll efo fy nghyfaill. Wrth gerdded o'r pictiwrs am yr orsaf, dyma Albert yn aros wrth ddrws tŷ tafarn a chrefu arnaf i fynd i mewn efo fo.

'Dim ond am un,' meddai, a chan fod hanner awr i ddisgwyl am y trên nesaf, cytunais yn y diwedd. Enw bragwyr y cwrw lleol oedd Meux, a dyma Albert at y bar a gofyn am 'two pints of Miwcs please.'

'It's Meu,' meddai'r boi, 'you don't pronounce the "x".'

Dyma ni'n eistedd ac yfed ein peintiau'n ddistaw, ond bob

yn hyn a hyn, byddai Albert yn taflu golwg at y bar ac yn chwyrnu:

'Pwy uffar' mae hwn yn feddwl ydi o d'wad?'

'Duwcs, doedd o ddim yn meddwl dim byd,' medda' finnau, yn ceisio tawelu'r dyfroedd.

'Well i ni fynd, mi fydd y trên yn gadael mewn deg munud,' meddwn, a'i chychwyn hi am y drws.

Fel yr oeddwn yn mynd drwyddo, dyma Albert yn troi'n ôl ac yn cythru am y bar a phwnio'r barman efo'i fys a dweud, 'Bolo!'

'Sorry? I don't understand,' meddai'r creadur.

'Bollocks,' meddai Albert dros y lle, 'but in Wales we don't pronounce the "x".'

A dyma'i heglu hi'n reit sydyn am y stesion.

O bryd i'w gilydd byddem yn gorfod twtio o gwmpas y barics – glanhau'r ffenestri, chwynnu, brwsio'r llwybrau ac yn y blaen. Un tro, gwelsom Aston Martin, car yr Is-gapten Richmond Brown yn dod i'n cyfeiriad, a dyma bawb yn gollwng be' oedd o'n ei wneud a sefyll yn syth i saliwtio. Ar ôl mynd heibio, dyma'r car yn stopio. 'O, dyma ni,' meddan ni, 'rhywbeth o'i le – cap ddim yn iawn ar ben un ohonom neu rywbeth dibwys felly.' Ond pwy ddaeth o'r Aston Martin ond 19 Williams, sef Emyr. Y fo oedd batman Richmond Brown, ac roedd o yn ei ddybla'n chwerthin, wedi mwynhau gweld yr olwg syn ar ein hwynebau pan ddaeth o'r car.

Cyfaill oes i mi ydi Emyr, wedi ei fagu yn un o deulu mawr Creigiau, Llantrisant, heb fod ymhell o Lyn Llywenan, ac sydd erbyn hyn yn ffermio Bodfeddau, Tŷ-croes. Byddwn yn gweld ein gilydd bob rhyw fis ar nos Sul, a'r sgwrs yn aml yn mynd yn ôl i'r hen amser yn Pirbright, tra bydd ein gwragedd, Audrey a Gracie, yn sôn am bethau heddiw.

Roedd y tri mis yma eto yn dod i ben yn gyflym, ac yn yr

wythnos olaf, cawsom fynd i farics yn Scarborough i ddarfod ein hyfforddiant. Ar y diwrnod olaf un, aethpwyd â ni mewn lorïau i Whitby, rhyw 25 milltir i ffwrdd, a gorchymyn i ni fartsio'n ôl i Scarborough, heb stopio. Buom yn canu'r hen ganeuon unwaith eto, a chyraeddasom yn ôl wedi tua chwe awr o gerdded caled. Ar ôl cyrraedd, cawsom orchymyn i newid ein dillad i drowsus bach (shorts) yn unig, a bod yn barod ymhen pum munud. Cawsom ein danfon i'r sgwâr a sefyll yno'n dair rhes i gael archwiliad meddygol. Gorchmynnwyd i ni ollwng ein shorts wedyn, ond buom yn sefyllian yno am ddeng munud neu chwarter awr ac roedd hi'n ddigon oer mae'n rhaid dweud – diwedd Mawrth oedd hi wedi'r cwbl.

Ymhen dipyn clywsom sŵn moto beic a'r Sarjiant yn gweiddi 'Attention!'

Hwn oedd y meddyg a oedd i fod i'n harchwilio ni'n ofalus, ond ddaeth o ddim oddi ar ei foto beic! Dim ond gyrru – a hynny'n weddol gyflym hefyd – i fyny ac i lawr y tair rhes. Roedd y cwbl drosodd mewn dau funud, neu lai.

'Carry on Sergeant,' meddai, a diflannu mewn pwff o fwg egsôst y beic.

Yn sydyn, dyma 'na weiddi mawr yn dod o lawr ucha'r NAAFI, a dyna lle'r oedd chwech neu saith o ferched a oedd yn gweithio yno, yn chwibanu a chwerthin dros bob man. Welodd neb 30 pâr o shorts yn codi mor handi erioed.

'Doedd 'na ddim byd i'w weld bois,' meddai'r genod, 'roedd popeth wedi crebachu yn yr oerni!'

Roeddem yn mynd yn ôl i Pirbright y diwrnod wedyn, ac yna'n cael mynd adref am bythefnos o wyliau. Cyn mynd am adref, dyma'r Cpl Richardson o Ddeiniolen yn rhoi hanner coron i mi, a gofyn i mi ddod â dwy owns o faco shag Amlwch yn ôl iddo fo am ei fod o'n methu â chael baco digon cryf i smocio yn ne Lloegr. Roedd 'Big Dic', fel y câi ei adnabod, yn rowlio ei sigarets ei hun, ond sut siâp oedd ar ei gyfansoddiad ar ôl smocio baco Amlwch, alla i ddim ond dyfalu!

Ar ôl y gwyliau, roeddem ni'n dod yn ôl i Pirbright, ond dim ond i bacio'n holl eiddo cyn symud i farics Chelsea i ymuno â'r bataliwn. Ac felly y daeth y chwe mis bythgofiadwy hynny i ben. Roeddem ni'n sowldiwrs go-iawn rŵan.

Golygfa 6

Gardio'r Cwîn a'r Banc of Ingland

Roedd barics Chelsea yng nghanol Llundain fwy neu lai, mewn ardal gyfoethog tu hwnt. Mae'r ffaith fod y barics wedi cael ei werthu am £900 miliwn yng nghanol y 1980au yn dangos hynny. Roedd y cyfle i werthu safle 12 acer ar gyfer codi tai yng nghanol y ddinas yn un rhy dda i'w golli mae'n siŵr gen i.

Yng ngeiriau Sarjiant Phillips, roeddem ni rŵan yn barod i bonsio o flaen Palas Buckingham ar ôl i ni gael het flewog a chôt goch bob un. Ond am y mis cyntaf, y cyfan a wnaethom ni oedd gwylio'r 'hogia mawr' yn mynd ar giard, a chael ein dysgu beth i'w wneud ein hunain.

Ond o'r diwedd daeth y diwrnod mawr pan oeddem ni'n gwneud ein giard, neu'n dyletswydd gwarchod, cyntaf. Band ar y blaen, yna swyddog ac wedyn ninnau, ryw 30 ohonom, a Sarjiant wrth ein hochr. Allan â ni drwy giât gefn y barics, heibio i orsaf drenau Victoria ac i fyny Buckingham Palace Road i'r Palas ei hun. Os oedd y faner yn cyhwfan uwchben y palas, roedd hynny'n golygu fod y Frenhines gartref, a byddai hynny'n golygu dau ddiwrnod prysur, achos roedd yn rhaid bod giard dwbwl o amgylch y Palas, felly, dwy awr 'on' a phedair awr 'off', fyddai'r drefn.

Yr adeg honno, ar y pafin y tu allan i'r giatiau yr oeddem yn sefyll, yng nghanol y miloedd o dwristiaid a fyddai yno bob dydd ar hyd y flwyddyn, a neb yn cyffwrdd ynom, dim ond sefyll wrth ein hochr i gael tynnu llun. Dwi'n cofio bod yno rhwng dau a phedwar o'r gloch y bore un tro, ac roeddwn yn gweld yr amser yn hir am nad oedd fawr neb o gwmpas. Dim ond clywed Big Ben yn taro chwarter wedi, hanner awr wedi, a chwarter i'r awr cyn dringo'n ara' deg i daro'r awr, ac yna'r un peth yn union am awr arall. Bendith mai dim ond dwy awr oedd y ddyletswydd.

Un noson, a dwi'n meddwl mai tua 2.30 y bore oedd hi, dyma 'na fodur mawr crand yn aros wrth y giât, a dyn yn dod allan efo camera mawr drud yr olwg. Y peth nesaf, agorodd drws cefn y car a daeth dwy ferch ifanc mewn cotiau llaes at eu traed allan ohono. Dyma nhw'n diosg y ddwy gôt yn reit sydyn, ac oddi tanynt, roedd y ddwy yn union fel y daethant i'r byd 'ma, heblaw am bâr o sgidiau sodlau uchel. Roedd 'na ddau ohonom ni ar giard o boptu'r giât – un ar yr ochr dde a minnau ar yr ochr chwith, a dyma'r ddwy yn rhedeg at y boi oedd efo fi ar giard, sefyll bob ochr iddo a gafael mewn braich bob un tra oedd y boi oedd efo nhw'n tynnu lluniau ffwl sbîd. Wrth wisgo eu cotiau eto, clywais un yn dweud wrth y llall, 'That's it, we've just won fifty quid!'

Ac ar hynny, dyma nhw i mewn i'r car ac i ffwrdd â nhw – roedd y cwbl wedi digwydd mewn llai na dau funud. Roeddem ni'n gegrwth, ond yn Llundain roedd unrhyw beth yn bosib!

Os nad oedd y faner yn chwifio uwchben y Palas, doedd y frenhines ddim yno, ac roedd hynny'n golygu fod y ddau ddiwrnod o giard yn llawer ysgafnach. Doedd 'na ddim giard dwbwl yn un peth, dim ond un ohonom ym mhob safle, a dwy awr 'on' ac wyth 'off' oedd hi. Roedd hynny'n rhoi cyfle i ni gael cwsg bach cyn mynd allan am y ddwy awr nesaf. Nid yn ffrynt y Palas yn unig yr oeddem ni'n gwarchod ond yn y gerddi yn y cefn hefyd, a dwi'n cofio gweld Charles ac Anne a oedd tuag wyth a deg oed ar y pryd yn garddio efo'u tad. Golygfa ryfedd oedd gweld Dug Caeredin yn rowlio berfa yn llawn planhigion i'r plant eu plannu!

Roeddem ni'n gwarchod Tŵr Llundain hefyd, fel y soniais ar ddechrau'r llyfr. Ac ychydig iawn sy'n gwybod hyn, ond byddem yn gwarchod Banc Lloegr ar adegau hefyd. Byddem yn mynd yno ar lori o Chelsea am chwech o'r gloch yr hwyr a chael ein cloi i mewn tan wyth yn y bore. Roedd pedwar swllt i'w gael am y gwaith yma, a byddai dyn yn rhoi'r arian yn fy llaw ar ôl cyrraedd. Wedyn roedd o'n agor ciosg bach yn y dderbynfa ac roeddwn yn gwario pob dimai yn fanno, ac yn cael porc pei, deg o sigarets, a *Kit-Kat* – gwledd well nag unrhyw westy pum seren pan oeddach chi ar lwgu yn oriau mân y bore!

Cerdded y coridorau marmor hardd y byddwn i drwy'r nos – *boring* fel y buasai pobl ifanc heddiw'n ei ddweud, mae'n siŵr, ond o leiaf roedd hynny'n well na rhynnu allan yn yr oerni. Rhoddwyd y gorau i'r drefn warchod yma tua phum neu chwe blynedd yn ôl. Sgwn i faint oedd y bois yn ei gael am y gwaith erbyn hynny, ac ar beth oeddan nhw'n ei wario?

Bûm yng Nghastell Windsor am chwe wythnos un haf hefyd – platŵn o'r Cymry yn gwneud dyletswydd yn lle'r Scots Guards er mwyn iddyn nhw gael mynd i Gatraeth i wneud ymarferion rhyfel. Lle difyr iawn oedd Windsor a'r swyddog a oedd yn gofalu amdanom, oedd yr Is-gapten Richard Williams-Bulkeley. Os cofiwch chi, roedd ei daid yn un o'r swyddogion pan ffurfiwyd y gatrawd ym 1915.

Byddem yn cael seibiant o'r ddyletswydd warchod o bryd i'w gilydd ac yn cael mynd i wersyll arall am ryw fis ar y tro. Bûm yng Ngogledd Iwerddon a Chatraeth ac i Salisbury Plain fwy nag unwaith i ymarfer, rhag ofn inni anghofio sut i saethu ac yn y blaen.

Roedd 'na ffasiwn beth â thystysgrif i'w chael hefyd, i brofi eich bod wedi cymryd popeth i mewn. Roedd rhyw ugain ohonom yn y dosbarth, ac roedd y rhan fwyaf yn gweld y peth yn sgeif dda, a chyfle i sbario gwneud dyletswydd. Ar ôl rhyw fis o wersi roedd yn rhaid sefyll arholiad er mwyn cael y dystysgrif, ac er bod yr athro wedi sgwennu hanner yr atebion ar y bwrdd du, dim ond chwech ohonom ddaru lwyddo i gael tystysgrif! Ac oeddwn, roeddwn i'n un o'r rheiny, cyn i chi ddechrau holi.

Bu'n rhaid i mi fynd i'r ysbyty ym Millbank, ryw filltir neu ddwy o Chelsea, un tro. Roedd gen i dyfiant (*cyst*) wedi codi tu ôl i fy nghlust. Rhaid oedd mynd dan anaesthetig, ac wrth ddod ataf fy hun a dechrau deffro, roedd pawb yn sôn am Man U, a finnau'n meddwl 'mod i'n breuddwydio. Ond na, roedd awyren wedi dod i lawr ym maes awyr Munich wrth fynd â'r tîm adref ar ôl gêm, ac roedd hanner y chwaraewyr wedi eu lladd.

Byddai'r Fetron yn dod o amgylch ddwywaith y dydd – dynes nobl, nid annhebyg i Hattie Jacques yn y ffilmiau *Carry On*. Dyma hi'n gofyn i'r boi yn y gwely agosaf ata i, 'What's the matter with you, Corporal?'

'Haemorrhoids ma'am,' medda' fo.

'No,' meddai hithau, 'only officers have haemorrhoids, what you have is piles.' Dynes i'w hofni oedd hi, ac roedd pawb yn eistedd i fyny'n syth yn ei wely pan fydda hi'n dod, hyd yn oed y rhai a oedd yn bur wael. Roedd rhai'n dweud ei bod hi'n medru tynnu gwaed o ddeg llath!

Yn Sloane Square, rhyw gam a naid o farics Chelsea, roedd y Royal Court Theatre ac os oeddach chi'n gwisgo iwifform, a bod yna seddau gwag yn digwydd bod, fe gaech fynd i mewn am ddim. *Look Back in Anger* oedd yn cael ei pherfformio'r tro cyntaf y bûm i yno. Anghofia i fyth pan agorodd y cyrtans a Mary Ure yn fanno ar y llwyfan yn smwddio yn ei bra a'i phais a'r prif gymeriad, Jimmy Porter, yn dod i'r llwyfan dan regi bob yn ail air. Roedd hyn yn sioc i'r system i mi a oedd wedi arfer gweld Cwmni Drama Llannerch-y-medd ac eraill yn perfformio mewn neuaddau pentref. Rydw i'n siŵr i mi weld y ddrama o leiaf ddeg gwaith. Roeddwn i wedi gwirioni. Fedra i ddim cofio pwy oedd yn chwarae rhan Jimmy Porter, ond pan wnaed ffilm o'r ddrama ddwy flynedd yn ddiweddarach, Richard Burton oedd yn y brif ran.

Buan iawn y daeth yn amser i minnau gael fy *demob*, a daeth yn bryd gadael Chelsea a'r bataliwn. Bûm yn lwcus mewn rhyw ffordd – fel y soniais eisoes, yn Llundain y bûm i drwy'r adeg fwy neu lai. Ychydig cyn i mi ymuno, roedd y bataliwn newydd ddod yn ôl o'r Aifft lle buon nhw'n gwasanaethu oherwydd helynt Camlas Suez, a chwta ddeufis cyn y byddwn yn gorffen fy nghyfnod o Wasanaeth Cenedlaethol, roeddan nhw'n mynd i Ferlin. Ond am fy mod mor agos at orffen, chefais i ddim mynd i fanno chwaith, gwaetha'r modd.

Ta waeth, wrth edrych yn ôl, mwynheais bob munud o'r tair blynedd. Mae llawer yn dweud heddiw, wrth weld rhai o'r hogia ifanc yn cicio'u sodlau ar gongl stryd y buasai blwyddyn o 'nashional serfis' yn gwneud byd o les iddyn nhw. Efallai fod hynny'n wir, ond y gwir amdani yw nad ydi'r armi mo'u hangen nhw mwyach. Tua hanner canrif yn ôl, mi ddywedodd Manny Shinwell, cyn-weinidog yn Llywodraeth Attlee, mai byddin lai yr oedd Prydain ei hangen, un fwy proffesiynol efo 'hogia wedi cael addysg dda, ac yn cael eu talu'n dda.' A dyna ddigwyddodd yn y diwedd.

Taswn i'n cael fy ngalw i fyny i'r fyddin rŵan, mi faswn i ar goll siŵr iawn efo'r gynnau gwahanol a'r offer technegol sydd ar gael heddiw o'i gymharu â'r amser pan oeddwn i'n sowldiwr. Mae'r amser wedi mynd ers pan oedd angen miloedd ar filoedd o filwyr i fynd dros y top i ddannedd gynnau'r gelyn. Mae'n hollol wahanol heddiw yn Irac ac Affghanistan, lle nad ydi'r gelyn yn gwisgo iwnifform a neb yn gwybod pwy ydi pwy, yn enwedig yr hunan-fomiwyr. Rhyfeloedd yn cael eu hymladd ar strydoedd trefi mawrion fydd hi o hyn ymlaen mae'n debyg, a *guerrillas* trefol fydd yn rhaid eu hwynebu.

Ym 1991, caewyd barics Caterham ar ôl dros 150 o flynyddoedd. Cafodd miloedd ar filoedd o fechgyn eu dysgu i fod yn filwyr iawn yn y lle.Fe drefnwyd bws o Fangor i bwy bynnag oedd isio mynd yno i gael golwg ar yr hen le am y tro olaf, ac mi benderfynais fynd. Teimlwn rywbeth yn fy nenu i yno am ryw reswm. Ond roedd pawb wedi dychryn wrth synhwyro distawrwydd y lle o'i gymharu â sut roedd hi yn ein dyddiau ni. Roedd y lle wedi newid tipyn mewn hanner can mlynedd wrth gwrs. Un peth a sylwais oedd bod 'na *launderette* yno, lle cynt yr oeddem ni'n gorfod golchi ein dillad ein hunain. Roedd y NAAFI yn awtomatig erbyn hyn – pres mewn peiriant i gael paned o de neu goffi ac un arall i gael brechdan, creision neu siocled, a hyd yn oed beiriant i gael Brasso neu bolish sgidiau!

'Wyt ti'n cofio . . .' oedd dechrau pob sgwrs. Un arall yn dechrau drwy ddweud, 'Cofio 'chan . . .' wrth sefyll o flaen bloc 2B.

Minnau'n holi a oedd rhywun yn gwybod rhywbeth o hanes Albert?

Doedd neb yn gwybod rhyw lawer, ond mi ddywedodd un nad oedd Albert wedi callio na newid o gwbl yn ôl yr hyn a glywsai.

Mynd â ni wedyn i'r pafiliwn criced. Bobol bach, roedd fanno'n sanctaidd pan oeddem ni yno – dim ond swyddogion a gâi fynd yno. Ond y diwrnod hwn, cawsom de gwerth ei gael a rhywbeth cryfach i'w yfed i bwy bynnag oedd â syched arno.

Roedd o'n ddiwrnod hynod braf, pawb wedi mwynhau ei hun a daeth yr amser i fynd yn ôl am y bws yn rhy fuan o lawer. Cerdded tuag at y gatiau mawr tan sgwrsio'n braf, pawb â'i ddwylo yn ei bocedi. Yn sydyn, dyma feddwl fy mod i'n clywed Sarjiant Phillips yn gweiddi, 'Get those hands out of your pockets . . . Swing those arms, heads up, dig your heels in!'

Edrychais yn ôl, ond wrth gwrs, doedd neb yno . . . ond mi fetia i rywbeth ei fod o yno yn rhywle o hyd!

Lle ofnadwy oedd Caterham ar y pryd. Cael ein trin fel y troseddwyr gwaethaf, ein rhedeg o'r naill le i'r llall, ein galw'n bob enw dan haul, ac eto, rydw i wedi treulio bob dydd ers hynny, fel y rhan fwyaf a fu yno, yn dweud wrth bawb cymaint yr oeddwn wedi mwynhau'r lle. Rhyfedd o fyd.

Un peth ddysgodd y tri mis yn Caterham i mi oedd nad oes dim mewn bywyd mor ofnadwy ag yr ydych yn ofni y bydd o. Bellach, gallaf oddef llawer o bethau, ar ôl tair blynedd yn yr armi. Mi ddysgodd fi, yn un peth, i beidio â bod yn groendenau, i beidio â chymryd rhai pethau ormod o ddifri, ac i anghofio a symud ymlaen. Dyna oedd yr armi'n ei ddysgu i chi – bod yn fwy hy efo chi'ch hun. 'Alla i ddim peidio â meddwl am y dynion a ddaeth adref o'r Rhyfel Byd Cyntaf, ac o'r Ail Ryfel Byd hefyd, wedi gweld eu cyfeillion yn cael eu chwythu'n ddarnau wrth eu hochr. Dyna fu'n rhaid iddyn nhw ei wneud ynte? Y dyddiau hyn, maen nhw'n cael cwnsela, ac mae 'na sôn byth a beunydd am *Post-Traumatic Stress Disorder.* Ond cyn hynny, cael eu gyrru allan i'r byd mawr oedden nhw, i ymdopi drostynt eu hunain.

Golygfa 7

Naturiol ar faes actorion – fyddai
Drwy fuddiol gynhyrchion,
Gŵr â maeth hen gewri Môn,
I'w gael yn nwfn ei galon.

Camu i fyd y ddrama

Ar ôl dod adref o'r fyddin bûm yn ddi-waith am ryw fis neu ddau, cyn penderfynu dilyn prentisiaeth yn blastrwr. Byddwn yn mynd i lawr i'r pentref bron bob nos yn y dyddiau hynny, lle'r oedd pawb yn ymgynnull ar y groeslon, nid nepell o Neuadd Bentref Llanddeusant. Un noson, doedd dim golwg o neb, dim un copa walltog, a doeddwn i'n methu deall lle'r oeddan nhw, achos doedd gan y rhan fwyaf ddim teledu, felly doeddan nhw ddim adref yn gwylio *Coronation Street*. Ond sylwais fod golau yn y Neuadd, a dau neu dri char wedi parcio tu allan, felly, dyma fi'n penderfynu mynd i fusnesu i fanno.

I mewn â fi yn ara' deg bach ar flaenau fy nhraed ac agor cil y drws mewnol. Ymarfer drama oedd yno, a dyma fentro i mewn ac eistedd yn y cefn. Ychydig a wyddwn faint o effaith a dylanwad a gâi'r noson honno ar weddill fy mywyd. Mae 'na ddywediad yn rhywle am blannu hedyn mwstard, on'd oes?

Ymhen rhyw hanner awr, dyma'r criw yn cymryd seibiant bach, a dyma finnau'n codi a'i chychwyn hi am allan gan feddwl yn siŵr y byddai'r hogia wedi cyrraedd y groeslon erbyn hyn. Ond dyma Harri Lloyd (Williams), un o'r pentrefwyr, yn gweiddi o'r llwyfan, 'Wyt ti isio rhan mewn drama?'

'Nagoes,' medda' fi, 'dwi erioed wedi actio o'r blaen.'

'Pwy ydi'r hogyn yma?' meddai'r gŵr a oedd yn sefyll ar y llawr yn dweud wrth yr actorion ar y llwyfan be' i'w wneud.

'Newydd ddod o'r armi mae o,' meddai rhywun arall. 'Tony Castell, mi wneith yn iawn!'

Pwy oedd y gŵr oedd ar y llawr ond y cynhyrchydd, John Huws Stamp, Llannerch-y-medd.

I fod yn fanwl gywir, nid cwmni drama oedd yn y Neuadd ond, yn hytrach, rhyw fath o ddosbarth drama. Roedd gan John Huws gwmni enwog yn Llannerch-y-medd, ond dosbarth oedd hwn yn Llanddeusant ar gyfer actorion llai profiadol a oedd yn awyddus i ddysgu tipyn bach ar y grefft. Erbyn deall, byddent yn cyfarfod bob nos Lun o ddechrau Hydref tan ddechrau Ebrill i ymarfer, a John Huws oedd yr athro. Ond byddent yn mynd o gwmpas i berfformio dramâu hefyd, ac yn rhoi sglein ar y cynhyrchiad ym misoedd y gaeaf yn barod at y gwanwyn.

'Rydan ni un yn fyr ar gyfer y ddrama yma,' meddai John Huws wrthyf. Roedd un o'r cast gwreiddiol wedi priodi ac wedi symud i fyw, felly doedd o ddim am gario 'mlaen, a dyma John Huws yn holi a faswn i'n chwarae rhan y Capten iddyn nhw?

'Ew, fedra i fyth ddysgu'r geiriau,' medda' fi.

'Medrwch yn tad, part bach, bach ydi o,' ychwanegodd.

'Ty'd yn dy flaen,' medda' rhywun arall. 'Rydan ni wedi cael gwâdd i berfformio mewn tri neu bedwar o lefydd yn barod. Nid côr ydan ni sti – mae rheiny'n medru mynd i ganu i rywle os ydyn nhw ddau neu dri yn brin hyd yn oed. Ty'd 'laen, deud y gwnei di!'

A dyma rywun arall yn gwthio sgript i fy llaw. Anghofiais am yr hogia, a oedd wedi ymgynnull ar y groeslon bellach, a mynd am adref.

'Be' sy' gen ti'n fanna?' holodd Mam ar ôl i mi fynd i'r tŷ.

'Maen nhw isio i mi gymryd rhan mewn drama.'

'Bobol annw'l. Be' ydi hi neno'r Tad?'

'Y *Joan Danvers*.'

'Ew, am be' mae hi?

'Wel, dwi ddim wedi'i darllen hi eto ond dwi'n meddwl mai am long y mae hi,' meddwn i.

'Mi fuo finna mewn drama unwaith w'sti,' meddai Mam.

Roedd hyn yn newydd i mi, achos chlywais i erioed mohoni'n sôn am y peth o'r blaen, a holais fwy arni.

'Pan oeddwn i'n gweithio fel morwyn yn Bodelwa oedd hyn,' meddai Mam. '*Mari'r Forwyn* oedd y ddrama a chwmni Berffro oeddem ni, efo W. J. Griffith, Henllys Fawr – awdur *Storiau'r Henllys Fawr*. Fi oedd yn chwarae rhan Mari.'

Argian! Roedd hyn yn dipyn o sioc i mi. Roeddwn i'n 22 oed ar y pryd. Pam na fuasai hi wedi dweud hyn o'r blaen?

'Pa bryd oedd hyn?' gofynnais wedyn.

'Cyn i mi fynd i weithio at y doctor hwnnw yn Southport, Doctor Flack,' meddai.

Roedd hi wedi sôn am y cyfnod hwnnw yn ei bywyd lawer gwaith, fel y byddai'n edrych ar ôl plant y meddyg yna. Ond pam na soniodd hi am actio yn y Berffro efo W. J. Griffith tybed? Gyda llaw, Tony oedd enw un o'r plant yr oedd Mam yn gofalu amdanynt, a dyma, meddai hi, pam y dechreuodd fy ngalw innau wrth yr enw hwnnw, er mai 'Thomas' y bedyddiwyd fi. Roedd ganddi hiraeth am y bachgen ar ôl gadael Southport i ddod adref i Fôn i briodi 'Nhad.

Mewn drama am long, fel Y *Joan Danvers*, mi fuasech yn tybio y byddai gan y Capten ran sylweddol, ond na. Roedd y

84

llong wedi suddo yn rhywle, a'r Capten oedd yr unig un a oedd wedi ei achub. Doedd o ddim yn ymddangos tan ddiwedd yr act olaf, felly nid cellwair oedd John Huws pan ddywedodd mai rhan fechan oedd hi. A lwcus mai dyna oedd hi hefyd achos, fel actor, roeddwn yn bur anobeithiol a dweud y gwir. Ond mi ddysgais y rhan, a chael cyfle i berfformio 'gartref' ar lwyfan Neuadd Bentref Llanddeusant ymhen rhyw fis neu chwe wythnos.

Roedd hi'n ddrama ddwy awr o hyd, ac yn ystod y perfformiadau, byddai John Huws yn sefyll tu ôl i'r set, ddim yn colli'r un symudiad na'r un gair, ac yn smocio un ar ôl y llall. Dwi'n siŵr y byddai'n mynd trwy baced 20 o *Player's,* os nad mwy.

Newydd-ddyfodiad oeddwn i i'r cwmni – roedd y gweddill wedi bod efo'i gilydd am dros flwyddyn. Roeddwn i wedi bod i ffwrdd o'r ardal am dair blynedd ac am na wyddwn y cefndir i lawer o'r hyn oedd yn cael ei drafod mewn sgyrsiau, teimlwn na fedrwn ymuno'n rhwydd ym mhob sgwrs. Ac ar ben hynny, roeddwn i'n dipyn iau na phawb arall ac yn nerfus o fod ar y llwyfan am y tro cyntaf. Roedd y lleill wedi actio o'r blaen. Y ddrama flaenorol iddyn nhw ei pherfformio oedd *Gwyliwch y Paent*, addasiad gan Emlyn Williams o *The Late Christopher Bean*, wedi ei throsi i'r Gymraeg gan T. Rowland Hughes. Roedd hi'n ddrama ysgafn, wahanol i'r *Joan Danvers*. Bu'r cwmni'n perfformio *Gwyliwch y Paent* ddwywaith yn Llanddeusant ond dim ond un waith y cafodd *Y Joan Danvers* ei hactio yno – ac roedd hynny unwaith yn ormod yn ôl ambell un a oedd yn y gynulleidfa. Mae 'na sôn am ddrama ddim 'yn mynd i lawr' yn dda, ond roedd *Joan* yn mynd i lawr bob tro yng ngwir ystyr y gair – i'r dwfn. Ia, suddo wnaeth hi yn y llond llaw o lefydd lle buom yn ei pherfformio.

Ond o dipyn i beth, ymlaciais a dod i fwynhau cymryd

rhan a bod yn aelod o'r cwmni. Yr aelodau eraill oedd Harri Lloyd a'i wraig, Nin; Gwyneth Tŷ Gwyn; Mari ac Olwen Tŷ Brith; Rosina Ty'n Llan neu'r Bull i bobl y pentref, gan mai tafarn oedd o mewn rhyw oes; Spence Bryn Golau; Owen Richard Pierce Glan Alaw, a oedd yn gofalu am y props ac am adeiladu'r set, a Gwilym Siop Elim a oedd yn gofweinydd, neu 'promptar' i bawb yr adeg honno.

Mae'n rhaid 'mod i wedi gwneud rhywbeth yn iawn y tro cyntaf hwnnw, achos cefais ran yn y ddrama nesaf a berfformiwyd gan y dosbarth, sef *Jonny Myfanwy*, cyfieithiad gan D. Jacob Davies o *Johnny Belinda* gan Elmer Harris, a minnau'n cael rhan y doctor a oedd yn dysgu Myfanwy i siarad gan ei bod yn fud a byddar. Roedd hwn yn ddosbarth newydd bron, am fod rhai o'r merched wedi priodi ac wedi symud o'r ardal, a Nin wedi cael merch fach, Delyth. Yn y brif ran yr oedd Audrey, merch a oedd wedi symud i'r ardal o Ddyffryn Clwyd. Mi gewch chi glywed mwy amdani hi yn nes ymlaen, dipyn mwy hefyd, a hynny am reswm da!

Wynebau newydd eraill oedd Ffred, brawd Harri, ac Owie o Rostrehwfa a oedd yn cael ei saethu ar y llwyfan am dreisio Myfanwy. Owen Richard oedd yn gofalu am wneud y gwn. Heddiw, mi fuasai'r bobl helth an seffti yn mynd yn benwan pe baen nhw'n gweld be' wnaeth Owen. Gwn dau faril a ddefnyddiodd, efo dwy getran wedi cael eu 'doctora' ganddo. Roedd o wedi gofalu tynnu'r *haels* o'r ddwy getrisen, ond gadawodd y powdwr fel ag yr oedd o, felly, pan oedd y gwn yn cael ei danio gan Myfanwy ar y llwyfan, roedd y glec yn fyddarol. Os oedd rhywun o'r gynulleidfa wedi dechrau hepian cysgu buan iawn yr oeddan nhw'n deffro. Fel dwi'n dweud, Duw a ŵyr beth ddywedai'r helth an seffti achos fiw i chi olau cannwyll ar lwyfan heddiw.

Roedd angen mellt a tharanau yn y ddrama hon hefyd,

rhywbeth oedd yn gofyn am fwy o ddyfeisgarwch gan y criw tu ôl i'r llwyfan. Ond wrth sôn am hyn, mi gofiodd John Stamp am ddigwyddiad doniol o'r dyddiau cyn i ni ymuno â'r cwmni sy'n werth ei ailadrodd yma.

Byddai wastad yn ceisio gwella'r cwmni mewn bob ffordd posib, ac roedd o wedi gweld mewn rhyw gylchgrawn bod modd prynu offer i greu effaith storm ar lwyfan. Archebodd y pethau hyn, ac fel y dywedodd o, mi ddaeth y daran ar y trên ond drwy'r post y daeth y fellten.

Bocs mawr oedd yr offer swn taran, efo shîtiau haearn tu mewn, ac roeddach chi'n troi handlen ar y tu allan i greu'r swn, ac roedd o'n reit effeithiol. Roedd stesion Llannerch-y-medd yn dal yn agored y pryd hwnnw ac roedd Richie Hughes, un o gast y ddrama, yn gweithio yno, ac i fanno y daeth y bocs 'ma. Dwi ddim yn credu i'r offer gael ei ddefnyddio erioed – roedd o'n rhy fawr i gael ei gludo o le i le mewn ceir. Ond am y fellten ... wel, roedd angen ei thrio hi rŵan, i weld os oedd hi'n gweithio'n iawn, ac un noson, pan oedd Harriet, gwraig Richie wedi mynd allan i rywle, dyma John yn mynd i'w dŷ i roi'r fellten drwy'i phethau. Roedd angen cysylltu'r teclyn i'r cyflenwad trydan, ond wrth wneud hynny mi chwython nhw ffiwsys y tŷ i gyd, ac nid hynny yn unig, ond mi chwythwyd y ffiws yn y polyn trydan tu allan yn y stryd hefyd! Bu'n rhaid gofyn ffafr gan un o weithwyr Manweb a oedd yn byw yn Llannerch-y-medd i fynd i ben y polyn i'w drwsio'n ddistaw bach, neu fel arall, mi fuasai hi wedi bod yn ddrwg arnyn nhw! Ond dyna ddiwedd ar y mellt a'r taranau. Be' wnaethom ni ar gyfer y daran yn *Jonny Myfanwy* ond dod â shît o haearn a'i hysgwyd hi nôl a 'mlaen i greu'r swn. Diffodd a thanio'r golau nôl a 'mlaen oeddem ni'n ei wneud i greu mellt!

Bu *Jonny Myfanwy* yn llwyddiant mawr gan roi Dosbarth

Drama Llanddeusant ar fap y ddrama ym Môn. Ac roedd mwy i ddod.

Y tymor wedyn, *Dedwydd Briodas* fuom ni'n chwysu wrth ei phen. J. B. Priestley oedd awdur hon gyda chyfieithiad Cymraeg ardderchog gan Mari Lewis. Yr hen stejars oedd y rhan fwyaf o'r actorion ond roedd 'na wynebau newydd eto, yn cynnwys Gwladys Dulas ac Olwen Hughes.

Tri chwpwl yn dathlu 25 mlynedd o fywyd priodasol ond yn darganfod nad oedd y gweinidog a weinyddodd y gwasanaethau priodas ddim cweit be' oedd o'n honni i fod. Sôn am sgandal, ond roedd popeth yn gorffen yn iawn yn y diwedd pan gofiodd rhywun fod y cofrestrydd yn bresennol yn y seremoni. Roedd John Stamp wrth ei fodd efo'r perfformiadau, er ei fod o'n smocio cymaint ag erioed. Gan ei bod hi'n gomedi gwerth chweil, dwi'n siŵr y buasai fo'i hun wedi mwynhau cael cymryd rhan ar y llwyfan.

Hanner awr wedi saith ydi'r awr arferol i ddechrau unrhyw gyngerdd neu ddrama, a dyna pryd yr oeddem ni i fod i gychwyn yn y Groeslon ger Caernarfon, lle'r oeddem ni wedi cael gwahoddiad i berfformio. Roedd pawb ar y llwyfan yn barod i ddechrau – pawb ond Dennis, a oedd i fod i gychwyn yr olygfa gyntaf.

Roedd 7.30 wedi hen fynd heibio a dim golwg o Dennis. Daeth yn wyth o'r gloch a phawb yn cicio'u sodlau ac ar binnau isio cychwyn, ond roeddem ni'n poeni hefyd wrth gwrs. Beth os oedd Dennis wedi cael damwain? Neu, beth os oedd y car wedi torri ar y ffordd? Tua 8.30, dyma'r actor colledig yn cyrraedd yn wên o glust i glust. Wedi mynd i'r pentref anghywir yr oedd o – i'r Ffôr ger Pwllheli – cryn 20 milltir o ble'r oedd o i fod. Wedi drysu, debyg gen i, rhwng y Groeslon a Four Crosses, enw Saesneg y pentref arall.

Er gwaetha'r camgymeriad a'r cychwyn hwyr, llwyddwyd

i orffen y ddrama tua'r un pryd ag yr oedd disgwyl inni orffen pe baen ni wedi dechrau ar amser. Sut hynny, meddach chi? Wel, mi ddywedodd John wrthom ni am gyflymu popeth a rhoi sbîd reit dda yn y chwarae, ac ar ben hynny, fe dorrwyd allan araith y llywydd yn yr egwyl – dim ond cau ac agor y llen yn reit sydyn rhwng yr act gyntaf a'r ail.

Honno oedd y ddrama olaf gan Ddosbarth Llanddeusant, ond roedd yn ddechrau ardderchog i nifer ohonom a oedd â blys 'cerdded y planciau'. Diolch i John Huws am ei waith diflino efo ni, mae rhai ohonom yn dal i actio o hyd ac eraill yn cymryd diddordeb ac yn mynychu'r theatr yn rheolaidd.

Pedwar cynhyrchiad a wneuthum efo dosbarth John Huws, ond un tymor doedd yna ddim drama yn Llanddeusant, ac mi ofynnodd i Audrey a minnau a fuasai gennym ddiddordeb mewn actio efo'i gwmni yn Llannerch-y-medd. Dyma neidio at y cyfle, yn bennaf, i gael mwy o brofiad a chyfle i berfformio mewn ardaloedd newydd.

Ffars o waith John O. John oedd y cynhyrchiad y tro hwn, a chafodd y ddau ohonom flas rhyfeddol ar yr ymarferion. Y math hwn o ddrama oedd hoff faes John Huws, ac roedd Cwmni Llannerch-y-medd yn enwog am eu ffarsys!

Yn Neuadd Newydd Llannerch-y-medd yr oedd y noson agoriadol – neu'r 'New Hall' fel y dywedid ar lafar gwlad, a hynny ar Noson Nadolig o bob noson. Ia, wir, cofiwch, ond roedd hynny'n digwydd yn reit aml yn y dyddiau hynny – cynnal cyngerdd neu ryw fath o adloniant ar Noson Nadolig neu ŵyl San Steffan. Doedd y teledu ddim yn tra-arglwyddiaethu fel y mae o heddiw, ac roedd y *New Hall* yn llawn dop ar ein cyfer ni.

Yn Llanddaniel yr oedd y perfformiad olaf, ddiwedd mis Mai, ond cyn hynny, byddem wedi bod mewn 50 o lefydd ar y daith. Buom mewn aml i neuadd ym Mhen Llŷn a chyn belled ag Aberystwyth, hyd yn oed – hyn i gyd ar ôl gwneud diwrnod o waith. Roedd o'n gwmni ardderchog efo profiad mawr o grwydro neuaddau ers blynyddoedd. Gweddill y cast oedd Richie Hughes, John Maenaddwyn, Luned Rhos-y-bol a Mari, chwaer John Huws. Bws bach cwmni Jôs Llanfaethlu oedd yn ein cario ni o le i le, gyda Bob Tŷ Seia wrth y llyw. Roedd Bob yn dipyn o gymêr. Bu'n reslar o fri, yn dwyn yr enw Maethlu Panther! Bu hefyd yn saer yng Ngwersyll yr Urdd Llangrannog am flynyddoedd.

Dwi wedi crybwyll Audrey, y ferch a ddaeth o Ddyffryn Clwyd i Fôn, yn barod am ein bod wedi cydactio yn y dosbarth drama ac yng Nghwmni John Huws. Wel, ym 1964 mi briododd y ddau ohonom. Mi gewch chi glywed mwy am ein perthynas maes o law, ond am rŵan, dwi am neidio rai blynyddoedd.

Ar ôl priodi a chael plant, mi wnes i ymddeol o'r llwyfan. Roeddem ni wedi ymgartrefu yn Siop Bach ger Ysgol Gyfun Llangefni ar ôl priodi, ond mi symudom ni i'n cartref newydd, Plas Gwyn, ar gyrion Llangefni ym mis Tachwedd 1971, ac roedd 'na dipyn o waith ailwampio ar hwnnw – yn fy amser fy hun wrth gwrs. Felly, rhwng hynny, magu teulu a fy ngwaith bob dydd yn adeiladwr, bu'n rhaid anghofio am fy niddordeb ym myd y ddrama am rai blynyddoedd.

Golygfa 8

Gwyddom am ei egwyddor – a'i dalent
Hudolus a'i hiwmor;
A dawn i agor sawl dôr,
I dîm yr act hir dymor.

Yn ôl ar flaen y llwyfan

Un noson tua mis Medi 1974, dyma 'na gnoc ar y drws. Pwy oedd yno ond Emyr Parry, twrnai lleol, efo bwndel o bapurau o dan ei fraich. Am eiliad ro'n i'n ofni mai gwŷs oedd ganddo fo, ond buan iawn y sylweddolais mai sgript oedd hi.

'Wrthi'n gwneud drama tua'r Theatr Fach 'na,' meddai Emyr, 'ac mi rydan ni'n fyr yn y cast.'

Dwi wedi clywed hyn o'r blaen, tua 15 mlynedd yn ôl, meddyliais i mi'n hun. Un yn fyr oedd yr esgus y tro hwnnw hefyd, ac roeddwn yn cofio sut y ces i fy llyncu i fyd y ddrama bryd hynny, felly, roeddwn yn fwy gwyliadwrus y tro hwn. Y drwg oedd bod gen i ormod o waith i'w wneud i fforddio ailgydio ynddi. Ond wneith hi ddim drwg i mi holi mwy, meddyliais.

'Be' ydi'r ddrama?' holais.

'*Dedwydd Briodas*,' atebodd Emyr, 'ac mae'r cynhyrchydd – Glyn Pen-sarn – yn gofyn nei di gymryd rhan?'

Gwyddwn yn dda fod Glyn wedi bod, ers rhai blynyddoedd, yn un o'r actorion gorau yn y Theatr, ac roedd hyn yn gyfle i gael bod dan ei adain, fel petai. Gan fy mod wedi actio yn y ddrama hon o'r blaen, gwyddwn beth oedd o fy mlaen hefyd wrth gwrs.

'Iawn,' meddwn, 'pryd mae'r ymarfer nesaf?'

'Nos yfory,' meddai Emyr, 'mi wela i di yno, hanner awr wedi saith.'

Roedd hi'n dipyn o sioc i glywed mai cwta chwe wythnos oedd gennym i gael sglein ar y ddrama cyn y perfformiad cyntaf, a ninnau wedi arfer cael chwe mis efo Dosbarth Llanddeusant.

Dyma'r tro cyntaf i Glyn gynhyrchu ond doedd dim rhaid iddo boeni. Ar y pryd, J. O. Roberts oedd y Cyfarwyddwr Artistig, ac roedd o ar dop ei gêm. Wrth roi hyn o eiriau at ei gilydd rydw i newydd glywed y newyddion trist am farwolaeth J. O., ac yntau'n 84 oed. Colled fawr i Fôn ac i Gymru, ac mae fy nyled i'n bersonol yn fawr iddo am fy rhoi ar ben ffordd yn fy nyddiau cynnar yn y Theatr Fach.

Sut ddaeth hen sgubor a stablau, a oedd yn rhan o hen blasty Pencraig, Llangefni yn fan cychwyn i nifer fawr o actorion proffesiynol, megis John Pierce Jones, Maldwyn John, Siw Hughes, Hywel Gwynfryn ac eraill? Wel, er nad oeddwn i yno o'r dechrau un, dwi wedi cael fy nhrwytho yn yr hanes gan hwn a'r llall dros y blynyddoedd, ac mae'n stori sy'n werth ei hadrodd.

Mae'n rhaid mynd yn ôl i 1931 i ddechrau, pan ddaeth llanc ifanc o'r Bargoed yng nghymoedd y de i Langefni yn athro Mathemateg yn yr Ysgol Ramadeg. Hon oedd ei swydd gyntaf, a'i enw oedd Francis George Fisher. Ar y pryd, roedd o'n symud i gymuned uniaith Gymraeg fwy neu lai, ac fe benderfynodd o'r dechrau ei fod am ddysgu'r iaith. Pwy oedd yn dechrau dysgu yn yr ysgol yr un diwrnod â George ond athrawes Saesneg ifanc o Swydd Gaerhirfryn, o'r enw Margaret Haslam. Ac ymhen llai na dwy flynedd fe ddaeth yn Margaret Fisher, a hi oedd ysbrydoliaeth George, yn union fel y buodd o'n ysbrydoliaeth i lawer, ac yn sicr i'r ddrama, drwy'r Theatr Fach.

Ym 1939 bu'n rhaid i George ymuno â'r Lluoedd Arfog, fel miloedd ar filoedd yr un fath â fo. Bu'n gwasanaethu ar un o longau'r Llynges ym Môr Iwerydd, yn hebrwng llongau nwyddau a oedd yn cario bwyd o America i Brydain. Roedd llongau tanfor yr Almaen wedi bod yn dal Prydain gerfydd ei chorn gwddw, fel petai, am fod canran uchel o'n llongau nwyddau yn cael eu suddo ganddynt, ac roedd angen llongau rhyfel i'w hebrwng. Roedd un Cymro ar yr un llong â George ac, yn digwydd bod, roedd hwnnw'n siarad Cymraeg; felly, ar ôl cael *demob* ym 1946, roedd yr athro ifanc o Fargoed fwy neu lai yn rhugl yn iaith y nefoedd.

Wedi dod yn ôl i Langefni roedd yn rhaid i bawb siarad Cymraeg efo fo, ond byddai ambell hen wag yn tynnu ei goes ac yn dweud y gair anghywir am y peth a'r peth. Er enghraifft, pan oedd George yn palu'r ardd gyda'r nos, a gwraig yn mynd heibio a'i weld o'n chwys diferol, ac yn holi, 'You look very busy there, George, what are you doing?'

'Cymraeg efo fi, Cymraeg,' meddai George.

'O! Am blannu tatws ydach chi?' meddai'r wraig, nad oedd yn siarad Cymraeg yn aml ei hun os medrai hi beidio.

'Dim nes daw y ffarmwr â cachu i fi,' meddai George.

Na, doedd George ddim wedi dysgu'r term 'tail gwartheg', ond buasai'n ddifyr cael gweld wyneb y wraig ar ôl derbyn y fath ateb.

Erbyn hyn, roedd George wedi ffurfio Cymdeithas

Ddrama Llangefni, gan berfformio ambell gynhyrchiad yn yr ysgol. Sut y cafodd o ganiatâd i lwyfannu drama Saunders Lewis, *Amlyn ac Amig* am y tro cyntaf, does neb a ŵyr, achos yn Theatr Garthewin, ger Abergele yr oedd dramâu Saunders Lewis yn gweld golau dydd am y tro cyntaf fel arfer, gan ei fod yn ffrindiau efo R. O. F. Wynne, sgweiar Garthewin, a'r ddau yn Gatholigion pybyr. Mewn ysgubor yr oedd y theatr honno hefyd, a'r unig wahaniaeth rhyngddi a Theatr Fach Llangefni oedd ei bod hi'n llawn o wair a gwellt drwy'r haf fel ei bod yn rhaid ei glanhau hi a'i throi hi'n theatr at y gaeaf. Ond dwi'n rhoi'r cert o flaen y ceffyl braidd rŵan. Mi ddo i'n ôl at sefydlu'r Theatr Fach maes o law.

Yn Neuadd y Dref Llangefni y llwyfannwyd *Amlyn ac Amig*, a chan ei bod yn llwyddiant mawr, dyma berfformio *Julius Caesar*, drama fawr Shakespeare, y gaeaf canlynol, unwaith eto efo disgyblion ysgol yn actio ynddi, gyda J. O. Roberts a Gwilym Owen, y darlledwr, yn actio Brutus a Cassius. Roedd hyn yn golygu gwaith enfawr i wneud y setiau yn yr ysgol, eu cario i lawr i'r Neuadd ac yn ôl i'r ysgol ar ôl pob perfformiad, a doedd hynny ddim wrth fodd calon George. Byddai'n rhaid cael cartref parhaol i'r Gymdeithas Ddrama. Doedd o ddim yn cytuno â chwmni teithiol a oedd yn mynd o gwmpas i wneud elw i wahanol fudiadau. Na, roedd o am weld elw un ddrama yn mynd ymlaen i wella'r ddrama nesaf – gwell set, gwisgoedd, a goleuadau ac yn y blaen. Roedd John Huws Llannerch-y-medd, Emyr Jones Cwmni Drama Rhoscefn-hir ac Edward Williams – Ned Siop Gray, yr adroddwr adnabyddus o Langefni – yn gweld hyn yn dipyn yn elitaidd, yn enwedig pan glywson nhw y byddai'n rhaid bod yn aelod o'r Gymdeithas cyn cael mynediad i weld y dramâu, unwaith y byddai George yn cael cartref parahol i'r fenter.

Ym 1953 daeth stad Pencraig ar werth, ac fe'i prynwyd gan y Cyngor Tref am oddeutu £8,000. Roedd hyn yn cynnwys y plasty, dau fwthyn, nifer o adeiladau fferm ac 80 acer o dir. Pris teg i feddwl fod tir yn costio tua £10,000 yr acer heddiw. Roedd llygaid barcud George ar y stablau a oedd yn rhan o'r pecyn, ac ysgrifennodd yn syth at y Cyngor yn gofyn caniatâd i'w troi yn theatr. Daeth ateb yn ôl yn dweud fod croeso iddo, ond doedd neb yn gwybod faint o rent i godi ar y gymdeithas newydd. Penderfynwyd yn unfrydol y dylai George a chlerc y Cyngor, Arthur Evans, ddod at ei gilydd i drafod y mater, a dyna a wnaethpwyd gan gytuno ar hanner coron y mis fel pris rhesymol, sef 12½ heddiw.

Roedd hyn yn fêl ar fysedd 'rhen George. Roedd o ar i fyny, a dechreuwyd ar y gwaith ar unwaith o droi yr hen sguboriau a'r stablau yn theatr. Rhaid cofio mai gwirfoddolwyr oedd pawb a oedd ynghlwm â'r fenter, ac ar y dechrau, doedd 'na ddim un adeiladwr yn eu plith. Roedd hyn ymhell cyn i mi ymuno â'r criw, gwaetha'r modd, neu mi fuaswn i wedi bod wrth fy modd yn helpu ar yr ochr honno, gan i mi dreulio'r rhan helaeth o fy oes yn y diwydiant hwnnw yn adeiladydd ar fy liwt fy hun. Ond athrawon oedd y rhan fwyaf o'r criw cynnar hwn, ambell un yn gweithio i'r Cyngor Sir, ac un neu ddau arall wedi ymuno â'r criw ar ôl i George addo peint iddynt yn y Railway Inn ar ôl darfod bob nos!

Ond oherwydd y diffyg arbenigedd yn y maes, doedd hi ddim yn hir cyn i broblem godi efo'r gwaith adeiladu, a bu'n rhaid galw adeiladwr profiadol i gywiro'r camgymeriadau, sef Llew Jones, Brookside, Llangefni. Yn ôl pob sôn, pan welodd Llew rai o'r pethau yn yr hen adeilad, mi aeth allan am ei fywyd. Doedd y lle ddim yn saff o bell ffordd – tyllau mawr yn y waliau a dim prop yn agos i'r lle i ddal y to i fyny wrth i'r gwaith fynd rhagddo. Ond chwarae teg i Llew, mi aeth yno'r diwrnod canlynol efo'i holl weithwyr i wneud y safle'n ddiogel. Fedra i ddim peidio â meddwl am Basil Fawlty yn cyflogi'r cowboi o adeiladwr hwnnw, O'Reilly, i wneud rhyw waith yn ei westy, a'r gwaith hwnnw hefyd mewn gwirionedd yn beryg bywyd.

Wedi'r trafferthion cynnar, symudodd popeth yn ei flaen yn ardderchog, a phenderfynwyd anelu am fis Mai 1955 yn ddyddiad agor. Ond roedd un agwedd ar y gwaith lle'r oedd hi'n hanfodol i gael rhywun a oedd yn gwybod beth oedd o'n ei wneud – a wnâi rhywun-rywun mo'r tro efo gwaith trydanol.

Gŵr ifanc o Coventry yn wreiddiol oedd Frank Taylor, ond roedd o wedi priodi hogan o Ros-y-bol, Jennie, ac ar ôl cael gwaith efo Manweb, roeddan nhw wedi symud i Langefni i fyw. Gan fod y dyddiad agor yn nesáu, roedd cryn bwysau ar Frank druan. Fel athro, roedd George yn gorffen ei waith am 3.30, ond roedd hi'n hanner awr wedi pump neu chwech ar Frank yn darfod, ac yn aml iawn, byddai George yn galw am Frank ac yntau ar ganol ei fwyd. Roedd hyn yn boen i Jennie hefyd, a byddai George yn cael blas ei thafod o bryd i'w gilydd. Wedi gweld fod Jennie mewn hwyliau drwg, byddai George yn dod â bocs mawr o siocled iddi i dawelu'r dyfroedd ac yn dweud wrthi, 'Rhowch y plant yn eu gwlâu, rhowch eich traed i fyny a mwynhewch y rhain.'

Ac felly byddai'n cael maddeuant am dipyn.

Dros y Pasg, cyn y dyddiad agor, bu'r criw yn gweithio'n ddiwyd drwy'r dydd ar ddydd Gwener y Groglith, dydd Sadwrn, Sul y Pasg a hefyd ar ddydd Llun y Pasg i geisio cwblhau popeth. Dyna beth oedd ymdrech deg, ac o'r diwedd, daeth diwrnod dathlu agor y Theatr Fach – 3 Mai 1955. Dwy ddrama fer a ddewiswyd eu llwyfannu, sef *Rwsala*, trosiad Cynan o ddrama Pushkin, ac *It's Autumn Now* gan Phillip

Johnson, gyda Tecwyn Jones, a ddaeth yn adnabyddus am ei ran efo criw *Noson lawen* y BBC ym Mangor, a Margaret Fisher, gwraig George, yn cynhyrchu.

Doedd dim cyntedd o fath yn y byd pan agorwyd, a byddai pobl yn dod yn syth o'r tu allan i'r awditoriwm. Ond roedd yn rhaid cael paned yn yr egwyl, felly, byddai Mrs Price, a oedd yn byw dros y ffordd, yn dod â dwy jwg fawr o ddŵr poeth fel y câi pawb dorri eu syched. Rhwng popeth, roedd hwn yn amser prysur drybeilig i George Fisher. Roedd o ar ganol ysgrifennu drama Gymraeg hefyd. Roedd Eisteddfod Genedlaethol Aberdâr 1956 yn cynnig y Goron am gyfansoddi drama fydryddol, ac roedd George â'i fryd ar ei hennill. Y beirniaid oedd Thomas Parry, D. Tecwyn Lloyd a John Ellis Williams. Teitl drama George oedd *Merch yw Medwsa* ac roedd dau o'r beirniaid yn fodlon ei gwobrwyo, ond roedd John Ellis Williams yn erbyn am nad oedd modd ei llwyfannu, felly, methiant fu ymdrech lew George.

Flwyddyn yn ddiweddarach, roedd yr Eisteddfod Genedlaethol yn Llangefni ar gaeau Pencraig, wrth ochr y Theatr Fach. Penderfynodd George lwyfannu *Merch yw Medwsa* yn y theatr drwy'r wythnos er mwyn profi ei bod yn berffaith bosib ei llwyfannu, ac am hwyl, anfonodd docyn wythnos at John Ellis Williams. Ond ddaeth o ddim ar gyfyl y lle chwaith.

Ym 1962, darlledwyd drama un act gan Tom Richards, *Gan Hen Gyfaill*, yn fyw ar y teledu. Aeth popeth yn dda, mae'n debyg. Ond ymhen pythefnos, ymddangosodd adroddiad yn y wasg yn condemnio'r perfformiad, gan ddweud fod y cynhyrchu'n siomedig a'r actio hefyd. Awdur yr adroddiad hwnnw oedd John Ellis Williams. Felly, doedd o ddim yn un hawdd i'w blesio, mae'n amlwg!

Fel yr eglurais, ym 1974 yr ymunais i â chriw'r Theatr Fach, ac un a gafodd ddylanwad mawr arnaf fi o'r cychwyn oedd Elen Roger Jones. Roedd hi wedi dod yno am y tro cyntaf i weld *Merch yw Medwsa* ym 1957, ac wedi gwirioni efo'r lle.

'Proffesiynol iawn – 'run fath â theatrau mawr Llundain,' oedd ei barn hi, ac fe ymaelododd â'r Gymdeithas y noson honno. Er mai o Farian-glas yr oedd hi'n hanu, yn Aber-soch yr oedd Elen yn byw ar y pryd, ond yn fuan wedyn cafodd Gwilym, ei gŵr, swydd yn rheolwr banc yn Amlwch ac ar ôl hynny, roedd hi'n byw ac yn bod yn y Theatr Fach yn actio a chynhyrchu. Roedd Elen yn chwaer i'r actor enwog hwnnw, Hugh Griffith, a enillodd Oscar am ei ran yn y ffilm *Ben Hur*.

Mae pawb yn cofio Elen yn portreadu Hannah Haleliwa yn *Minafon*, ac mewn gwirionedd doedd Elen ddim mor wahanol â hynny i'r cymeriad hwnnw.

Roedd ganddi ddaliadau cryf iawn, ac fe welwyd hynny'n blaen pan oedd cynlluniau ar waith i gael bar yn y theatr yn y 1980au. Roedd nifer yn teimlo y dylid symud efo'r oes – roedd pobl yn mwynhau cael rhyw ddrinc bach a chymdeithasu yn ystod yr egwyl ac ar y diwedd. Ac ar ben hynny, byddai bar yn cynyddu incwm y theatr. Ond roedd Elen yn gandryll ynglŷn â'r syniad. Hi oedd yr unig aelod o'r pwyllgor gwaith a bleidleisiodd yn erbyn, ond er iddi golli'r dydd, doedd ei chyfraniad i'r theatr ddim mymryn llai, chwarae teg iddi.

Pan fyddai'n cynhyrchu rhyw ddrama neu'i gilydd, roedd yn rhaid i bawb fod yno ac yn barod i ddechrau ymarfer am 7.30 ar y dot. Ac mi fyddai pawb yn gofalu bod yno'n brydlon. Pawb ond Glyn Pen-sarn. Efallai y bydda hi wedi wyth ar Glyn yn cyrraedd weithiau.

'Lle wyt ti wedi bod, Glyn bach?' oedd hi wedyn.

'Y fuwch yn dod â llo, Mrs Jones,' meddai.

Y tro wedyn, efallai, byddai'n 8.30 arno'n cyrraedd.

'Tyrd yn dy flaen, Glyn bach, lle wyt ti wedi bod d'wad?'

'Y fuwch yn dod â llo, Mrs Jones,' meddai eto.

Roedd hi'n wythnos, neu lai, cyn y noson agoriadol, ond hwyr oedd Glyn yr un fath.

'Tyrd, Glyn bach i ni gael mynd ymlaen efo'r ddrama, mae hi bron yn ben set, lle wyt ti wedi bod d'wad?' holodd Elen Roger drachefn.

'Y fuwch yn dod â llo, Mrs Jones,' oedd yr ateb unwaith yn rhagor.

'Dywed i mi, Glyn bach, faint o wartheg sydd gen ti?'

'Deg, Mrs Jones.'

'Wel, mae'n rhaid fod buwch wedi dod drosodd o rywle, achos mi wyt ti wedi bod yn hwyr un ar ddeg o weithiau! Tyrd rŵan!'

Ar ôl yr holl ymarferion, ac yna actio'r ddrama am wythnos, braf oedd cael ymlacio ar ôl y perfformiad olaf ar y nos Sadwrn a chael sgwrs yn y bar, a'r merched wedi trefnu bwffe. Ond pan fyddai Elen yn cynhyrchu, rhaid fyddai cael y parti yn y cyntedd – doedd fiw mynd ar gyfyl y 'lle arall yna' fel y byddai hi'n cyfeirio at y bar, felly'r unig beth fyddai'n llifo yn y fan honno oedd y te.

Ond un o'r troeon cyntaf ar ôl i'r bar agor, dwi'n cofio fod gan Glyn ac Elwyn, ei gyfaill, gynlluniau eraill, sef sleifio'n ddistaw bach i'r bar a llenwi eu mygiau o bwmp bragdy nid anenwog, a chadw cyn belled ag yr oedd modd oddi wrth Elen yn y cyntedd bach. Tuag un ar ddeg o'r gloch, dyma hi'n rhoi ei chôt amdani a dweud ei bod hi'n noswylio.

'Diolch i chi i gyd. Mi fyddaf yn y capel yn y bore a gobeithio y byddwch chithau yno hefyd. Nos da.'

Wrth fynd drwy'r drws dyma hi'n cofio'n sydyn ei bod hi isio dweud rhywbeth wrth Glyn, ac fel yr oedd hi'n agosáu ato fo roedd o'n mynd yn fwy a mwy gwelw, a dim lle i guddio'r mŵg. Doedd dim amdani ond sefyll ei dir a disgwyl y gwaethaf, ond y cwbl ddaru Elen oedd edrych i mewn i fŵg Glyn a dweud, 'Bobol mawr, Glyn, 'dach chi ddim yn cymryd llefrith yn eich te d'wch?'

Rydw i wedi sôn o'r blaen fod ganddi ddaliadau cryf, a dwi'n cofio un ddrama lle'r oedd hi'n actio gwraig fferm. Ei chymeriad hi oedd yn rheoli'r fferm gyda dau o'i hwyrion. Mewn un olygfa, roedd hi'n gofyn i un o'r hogia, 'Fuost ti allan efo'r ferch 'na neithiwr?'

'Pa ferch, Nain,' meddai hwnnw.

'Wel, honno efo sgert at ei thin 'te!'

Wel, dyna oedd yn y sgript o leiaf, ond fedrai Elen Roger ddim yngan y fath lein, ac ym mhob ymarfer, roedd hi'n aralleirio'r geiriau, nes ei bod wedi drysu'r actor ifanc a oedd yn chwarae rhan ei hŵyr. Un noson, mi gafodd yn ateb ganddi, 'Wel, honno efo gwallt am ben ei dannedd.' Dro arall, cafodd, 'Honno sy'n baent ac yn bowdwr i gyd.' Doedd gan yr hogyn ifanc ddim syniad beth i'w ddisgwyl, ond fe ddaeth drwyddi rywsut, chwarae teg.

Roedd Elen yn un o brif actorion Cymru ar lwyfan a theledu am flynyddoedd. Ond chwarae teg, mi lynodd hi'n driw iawn at y Theatr Fach ar hyd ei gyrfa yn actores broffesiynol.

Golygfa 9

Rhyw egni gwir ddirwgnach – a thawel,
Beth yw ei gyfrinach?
Gwn nad oes dim amgenach
Yn ei fyd na'r Theatr Fach.

Oes aur y Theatr Fach

Ers dod yn ôl i fyd y ddrama trwy gyfrwng *Dedwydd Briodas*, dwi wedi actio mewn nifer fawr o ddramâu Cymraeg a Saesneg. Mae'n rhaid cyfaddef na wnaeth rhai ddim cyrraedd y marc o ran safon ddisgwyliedig y Theatr Fach. Criw o amaturiaid ydan ni, wedi'r cwbl, a dydi amser ac adnoddau ddim yn hwyluso llwyddiant bob tro. Ond dydi cwmnïau proffesiynol ddim yn llwyddo bob tro chwaith, nac ydyn? Er ei bod hi'n llawer haws sôn am y rhai llwyddiannus, mae'n siŵr y dylwn grybwyll rhai oedd heb fod mor effeithiol. Ond fel dwi'n dweud, mae'n haws dwyn i gof y rhai wnes i fwynhau cymryd rhan ynddyn nhw.

Un sy'n dod i'r meddwl yn syth ydi rhan Joe Keller yn *Fy Meibion Oll*, cyfieithiad Geraint Williams o ddrama Arthur Miller, *All My Sons*. Joe oedd wedi gwerthu cydrannau diffygiol ar gyfer awyrennau adeg y rhyfel ac amryw o'r rheiny wedi cwympo i'r llawr o'r herwydd, gan ladd nifer o fechgyn ifanc, yn cynnwys mab ei ffrind gorau. Pan ysgrifennodd Geraint at yr awdur yn gofyn am ganiatâd i gyfieithu'r ddrama i'r Gymraeg, ateb Arthur Miller oedd ei fod yn falch iawn o glywed bod ei waith yn cael ei gyfieithu i '*a minor language*'.

Nora Roberts oedd yn chwarae rhan y wraig ac yn gwybod bob gair heb ddim ysgogiad (*prompt*). Ond gwelais hi'n oedi am eiliad mewn un man, a finnau'n meddwl mai wedi anghofio ei lein yr oedd hi. Dyma ofyn iddi ar ôl mynd oddi ar y llwyfan, pam yr oedi byr?

'O,' meddai, 'troi tudalen oeddwn i.'

Dyna mae'n siŵr ydi *photographic memory* go iawn.

Rhan arall i mi ei mwynhau'n fawr oedd Evan Thomas, yn *Y Meddyg Esgyrn*, gan Dr Hywel Jones, Cemaes. Wedi dysgu trin esgyrn o'i ben a'i bastwn ei hun yr oedd Evan Thomas, ac ni fu erioed mewn unrhyw fath o ysgol feddygol na choleg, gan iddo fynd i Lerpwl yn ifanc iawn i weithio ar y dociau. Roedd wedi etifeddu talent ei daid i drin esgyrn ac o dipyn i beth, adeiladodd feddygfa iddo'i hun yn Crosshall Street. Bu'n llwyddiannus iawn a thyrrai llawer o bobl a oedd wedi torri braich neu goes ato am driniaeth, ac aeth meddygon trwyddedig Lerpwl ag o i'r llys am ei fod yn mynd â llawer o'u cleifion. Nid oedd yn anghyffredin i Evan Thomas weld cynifer ag 80 o ddioddefwyr mewn diwrnod.

Roedd nifer o actorion da yn y cwmni a berfformiodd *Y Meddyg Esgyrn* – Huw Rees yn un, a oedd yn actio rhan y Gwyddel wedi rhoi ei ysgwydd o'i lle ac yn gweiddi dros y theatr wrth i mi geisio'i rhoi hi'n ôl. Gan mai gŵr gweddw oedd Evan Thomas, roedd ei chwaer wedi dod i gadw tŷ iddo, a Marlyn Samuel, sy'n awdures dalentog, oedd yn chwarae'r rhan honno. Roedd gan Evan boli parot, ac er ei fod mewn caets, roedd Marlyn druan ei ofn o am ei bywyd.

Er i mi fwynhau actio mewn degau o ddramâu yn Gymraeg a Saesneg gyda chynhyrchwyr ardderchog, megis Richard T. Jones, Hazel Slade, Albert Owen, William Lewis, Glyn Williams ac Elen Roger Jones, mae'n rhaid i mi gyfaddef mai addasu llyfrau ar gyfer y llwyfan a roddodd y mwyaf o bleser i mi dros y blynyddoedd. Y fwyaf mae'n siŵr oedd nofel Thomas Hardy, *Far From The Madding Crowd*. Am mai rŵan ac yn y man y byddwn yn ymhél â'r gwaith, mi gymerodd dros dair blynedd i mi. Cedwais y prif gymeriadau'n Saeson rhonc, ond symudais y lleoliad o Wessex i ogledd Cymru, gan newid y morwynion a'r gweision i siarad efo acen Gymreig. Roedd cryn 20 yn y cast, a pherfformiadau ardderchog gan Dafydd Roberts fel y bugail, Gabriel Oak, a fy merch Eirian Young fel y prif gymeriad, Bathsheba Everdene.

Roedd yna dipyn o waith cynhyrchu hefyd gan fod y golygfeydd ar y llwyfan yn cynnwys angladd mawr a thas wair yn mynd ar dân. Doedd 'na ddim fflamau, dim ond peiriant creu mwg yn y cefn yn chwythu mwg drwy'r das. Roedd yn effeithiol dros ben gyda golau llachar yn disgleirio drwyddo. Roedd un olygfa lle'r oedd ci defaid yn gyrru'r holl braidd dros ddibyn hefyd, ond roedd hynny'n digwydd oddi ar y llwyfan, felly, doedd hi ddim yn broblem dechnegol fawr iawn.

Bûm yn addasu llyfrau *Porth yr Aur*, Harri Parri hefyd, a llyfrau William Owen Borth-y-gest, dan y teitl *Hogyn Bach o'r Cen*. Y Cen fyddai trigolion Carreg-lefn yn galw'r pentref bach yng ngogledd Môn lle treuliodd yr awdur ei blentyndod. Mwynheais y cynhyrchiad hwn yn fwy na'r un arall am ei fod, fel y llyfrau, yn hwyliog, ac roedd digon o ganu yn y sioe hefyd a nifer o actorion ifanc yn cymryd rhan. Cefais innau actio rhan yr anfarwol Robin Rengan Las a oedd yn palu celwyddau drwy'r amser. Oedd, roedd Robin wedi cael cynnig tair Croes Victoria yn y Rhyfel Byd Cyntaf ond wedi gwrthod y tair. Roedd yn well ganddo ddod adref i'r Cen at y 'clans,' medda' fo.

Y ddrama gyntaf i mi ei chyfieithu oedd *Lloyd George Knew My Father*, William Douglas Home, dan y teitl *Colli Tir*, achos dyna oedd y stori yn y bôn: hen deulu bonedd yn brwydro yn erbyn adeiladu ffordd osgoi drwy'r stad. Glyn Williams ac Enid Parry, gwraig Emyr Parry y soniais amdano eisoes, oedd yn y prif rannau. Dyma'r ddrama gyntaf imi ei chynhyrchu hefyd, a minnau ddim ond prin wedi dechrau actio yn y Theatr Fach heb sôn am neidio i'r dwfn yn gynhyrchydd. Ac mae'n rhaid cyfaddef mai dipyn yn ddi-fflach oeddwn i – wedi cymryd gormod o gowlad efallai, ac fel y dywedodd Glyn yn y parti ar y nos Sadwrn, 'Diolch iti am ymgymryd â'r holl waith – y cyfieithu a'r cynhyrchu – ond biti na fuaset ti wedi cicio'n tinau ni i roi dipyn mwy o fynd ynddi.' Cyngor da y byddwn yn ei gofio yn y dyfodol, er na wnes i erioed gicio tin neb chwaith wrth gynhyrchu.

Roeddwn yn teimlo'n fwy hyderus erbyn fy nghyn-hyrchiad nesaf, sef *Cariad Creulon* gan R. Bryn Williams, drama wedi'i lleoli yn y Wladfa ac yn canolbwyntio ar y tyndra rhwng yr hen genhedlaeth a'r ieuanc. Un o'r actorion oedd Gwenno Hodgkins, sydd erbyn hyn yn adnabyddus iawn yn actores broffesiynol gampus ar deledu a llwyfan, ond sydd er hynny, yn dal i ddod i'r Theatr Fach i weld drama o dro i dro.

Bu imi sgwennu pantomeim – addasiad o *Jack and the Beanstalk* dan y teitl *Jac Ffa* – un flwyddyn hefyd. Gan nad ydw i'n ffan mawr o'r panto, dyma'r unig un y bu i mi ymwneud ag o, er i'm gwraig, Audrey, gyda Fôn Roberts, gynhyrchu mwy nag un, yn cynnwys *Arch Noa*, *Neidr Fawr Penhesgyn*, a *Little Miss Muffet*. Nid ydw i'n or-hoff o ferch yn chwarae rhan tywysog, na bachgen yn chwarae rhan y *Dame*, efo bronnau anferth (sy'n goleuo weithiau)! Na, ddim i mi, diolch yn fawr. A dwi'n gweld dim bai ar rai fel Arthur Williams – mab yr actor a'r adroddwr adnabyddus, Edward Williams, Ned Siop Gray – sy'n un o ffyddloniaid y Theatr Fach am gadw draw chwaith. Mae yntau'n casáu'r pantomeim cymaint â minnau.

Breuddwyd George Fisher oedd gweld y Theatr yn hollol ddwyieithog, bob tymor, o'r Hydref tan ddiwedd Ebrill, yn llwyfannu chwe chynhyrchiad – tri yn Gymraeg a thri yn Saesneg. Ac am 35 mlynedd, o 1955 hyd ddiwedd y 1980au, roedd hyn yn cael ei wireddu. Hon oedd oes aur Theatr Fach Llangefni yn fy marn i. Ddechrau'r 1990au aeth yn fwy anodd cael actorion Saesneg, am ba bynnag reswm. Roedd rhai o'r hen stejars wedi mynd yn hŷn, eraill wedi symud o'r ardal. Ond nid dyma ddiwedd y cynyrchiadau Saesneg yn gyfan gwbl chwaith. Bûm yn cynhyrchu rhai o ddramâu Emlyn Williams, er enghraifft, megis *The Druid's Rest*, a oedd â chefndir Cymreig iddi, ac acen Gymreig gan yr holl actorion. Bu cynhyrchiad ardderchog hefyd o *Death of a Salesman*, dan gyfarwyddyd Catrin Jones Hughes, efo Eirian, y ferch yn fendigedig yn y brif ran, os ca' i frolio am eiliad fach!

Er bod gennym Theatr Ieuenctid frwdfrydig, unwaith y maent yn gadael yr ysgol neu'n mynd i'r coleg, ychydig iawn, iawn sy'n dod yn ôl atom, yn anffodus. Er bod y Theatr Ieuenctid wedi bodoli ers tua 40 mlynedd a channoedd os nad miloedd wedi bod yn aelodau, prin llond llaw sy'n cymryd rhan heddiw. Mae hynna'n drist, ond yn adlewyrchiad o'r oes efallai.

Ar ôl bod yn beirniadu mewn tair neu bedair gŵyl ddrama yn y blynyddoedd diwethaf, mae'n rhaid dweud fy mod yn poeni tipyn am y ddrama amatur yng Nghymru heddiw.

Efallai ei bod yn iawn i gwmni pentref berfformio gartref, pawb yn y gynulleidfa yn adnabod yr actorion ac yn cael llond bol o chwerthin wrth eu gweld ar y llwyfan. Ond rhaid cael gwell safon wrth fynd i gystadlu, a dylai'r cynhyrchydd gael mwy o drefn ar yr actorion. Efallai fod cynhyrchwyr yn brin, wn i ddim. Fel yn achos Theatr Fach Llangefni, mae'n debyg ei bod hi'n anodd i gwmnïau bychain ddenu wynebau newydd. Ond cefais godi fy nghalon ym Modffordd yn ddiweddar – chwech o gwmnïau ar y llwyfan, tri o Glybiau Ffermwyr Ifanc – Bodedern, Rhos-y-bol a Llangefni, a rheiny'n gwneud eu gwaith yn ardderchog. Ia, chwe chwmni, dim un monolog bondigrybwyll. Wn i ddim pam fod beirniaid yn gwobrwyo monolog mewn cystadleuaeth sgwennu drama, fel sydd wedi digwydd fwy nag unwaith i mi wybod. Llefaru ydi monolog, ac ni ddylai fod yn yr un gystadleuaeth â drama. Ond dyna fo, dyna fi wedi cael dweud fy nweud, a dim ond fy marn bersonol i ydi hon, cofiwch.

Cefais fwynhau dros 40 mlynedd yn ymwneud â Theatr Fach Llangefni, yn actio, cynhyrchu, adeiladu setiau ac yn cyflawni gwaith y cofweinydd unwaith neu ddwy hefyd. Beth am y dyfodol?

Digon o waith y byddaf yn actio eto, dwi wedi mynd yn rhy hen i ddysgu llinellau, a f'aswn i ddim yn lecio siomi'r actorion eraill. Tydi fy nghlyw i ddim digon da i gymryd 'prompt' chwaith, heb i bawb arall yn y theatr ei glywed o hefyd. Ond cynhyrchu? Wel, mae rhyw sôn bod fy nghyfaill Richard Williams (J. R.) wedi ysgrifennu drama ac mae o eisoes wedi chwythu yn fy nghlust. Beryg y bydd yn ormod o demtasiwn i wrthod! Gyda'r Eisteddfod Genedlaethol yma ym Môn yn 2017, ac yn agos iawn at fro fy mebyd, rydw i'n awyddus i gystadlu efo drama un act, ac mae gen i un neu ddwy o ddramâu Wil Sam mewn golwg. Erbyn i chi ddarllen hwn, hwyrach y bydd y freuddwyd honno wedi ei gwireddu, cawn weld.

Golygfa 10

Ei oes a roes yn rasol – i eraill
Ragori'n sylweddol;
Hwn a ddaeth â chrefft y ddôl
I hanes Sioe Frenhinol.

Byd y merlod bach

Rhywbeth arall sydd wedi bod yn mynd â bryd Audrey a minnau, a'r plant, ers rhai blynyddoedd bellach, ydi'r merlod bach – y brîd unigryw hwnnw o Ynysoedd y Shetland.

Dechreuodd y cwbl ym 1970 pan aethom fel teulu i Chatsworth am ychydig o wyliau. Na, nid Chatsworth House, y tŷ mawr, ond i'r Home Farm lle roedd fy nghefnder, Tom, y soniais amdano eisoes, a'i wraig, Emily yn byw. Roedd Tom yn grŵm i Dduges Swydd Dyfnaint (*Duchess of Devonshire*), ac yn edrych ar ôl bridfa fawr o ferlod Shetland.

Un o deulu Bryn Sanan, Llantrisant oedd Tom, wedi mynd i Chatsworth ym 1937 i ymwneud â cheffylau gwedd y stad. Am ryw chwe mis yr oedd o wedi bwriadu aros, ond yno y buo fo ar hyd ei oes yn gweithio i dri dug ac yna'r 20 mlynedd olaf i'r Dduges – neu 'Debo', chwedl yntau.

Roedd ein plant, Eirian a Meirion, yn bump a thair oed ar y pryd ac wedi mopio'n lân efo ceffylau bach Yncl Tom. Felly,

dyma benderfynu prynu un bob un iddynt – Tinkerbell a
Suzette, a dyna ddechrau ar ddiddordeb a phleser sydd wedi
parhau hyd y dydd heddiw. Dros y blynyddoedd, rydym wedi
gwella gwaed y fridfa er mwyn cael eu harddangos mewn
sioeau ar hyd a lled y wlad.

Pam y merlod bach hyn yn hytrach na merlod mynydd
Cymreig neu'r Cobiau, meddach chi? Yn fuan ar ôl prynu'r
ddwy ferlen wreiddiol, buan iawn y gwelsom nad oedd 'run
o'r ddwy'n ddigon da i'w dangos mewn sioe. Ond clywsom am
arwerthiant arbennig tuag 20 milltir i'r gogledd o Aberdeen.
Ar y pryd, roedd gennym gar Zodiac mawr, felly dyma fachu
trelar y tu ôl iddo ac i ffwrdd â ni. Roedd y plant yn meddwl
na fuasen ni byth yn cyrraedd achos roedd hi'n siwrnai o tua
15 awr. Ond ddaethom ni ddim adre'n waglaw. Prynwyd caseg
o'r enw Emma a chyw gwryw o'r enw Lucky Lad, ac mi fuodd
o fyw i'w enw achos pan oedd o'n dair oed, mi ddaeth yn
drydydd mewn dosbarth mawr yn y *Royal Show* yn
Stoneleigh – Sioe Frenhinol Lloegr wrth gwrs.

Beth ydi cefndir y brîd hwn a lle mae ei wreiddiau? Wel,
yn sicr mae merlod bach wedi bodoli ar Ynysoedd y Shetland
ers 2,000 o flynyddoedd o leiaf, er bod rhai'n dweud bod modd
eu holrhain ar yr ynysoedd yn ôl i'r Oes Efydd rhwng y
chweched ganrif a'r ganrif gyntaf cyn Crist. Ni fedr neb
ddweud yn sicr pam eu bod mor fychan – efallai am eu bod
wedi gorfod byw mewn lle mor anial a gwyntog â'r Shetlands,
heb lefydd addas i gysgodi.

Tua chanol y bedwaredd ganrif ar bymtheg daethpwyd o
hyd i garreg arbennig efo darlun wedi ei naddu arni – Carreg
Bressay – ar yr ynys o'r un enw, nid nepell o eglwys hynafol
Cullinsborough. Mae'r darlun yn dangos ceffyl bychan a
mynach yn ei farchogaeth a'i draed yn llusgo ar hyd y llawr.
Tua diwedd y nawfed ganrif y lluniwyd y garreg, medden

nhw, ond nid ydi hynny'n bendant gan fod yr ysgrifen sydd arni mewn iaith anadnabyddus, sydd erioed wedi cael ei dehongli. Cred rhai gwybodusion mai carreg fedd rhywun o Sgandinafia oedd hi.

Er nad oes sicrwydd ynglŷn ag oedran y garreg, mae 'na gofnodion hanesyddol mwy dibynadwy sy'n dweud faint o ferlod oedd yn eiddo i rai o drigolion yr ynysoedd ac ati. Er enghraifft, roedd gan un dyn bedwar ceffyl a phedair caseg pan fu farw ym 1607, a gwerth y ceffylau yn £5 10s, a'r cesig yn £4. Roedd hyn yn ei wneud yn ffermwr eithaf cefnog yn y dyddiau hynny – gwell ei fyd o lawer na thyddynwraig o'r enw Agnes Olasdochter a oedd yn berchen ar ddwy fuwch, saith dafad a hanner merlen. Duw a ŵyr beth oedd hanes yr hanner arall – does 'na ddim cofnod o hynny!

Gan fod y merlod yn fychan ac yn eithaf cryf, roeddent yn ddelfrydol i weithio yn y pyllau glo, ac ar un adeg, tua chanol y bedwaredd ganrif ar bymtheg, ceid cynifer â 500 yn cael eu gwerthu i'r diwydiant hwnnw am y pris ardderchog o rhwng £8 a £10 y pen, gan gyfrannu'n sylweddol i economi'r ynysoedd. Pwy bynnag oedd yn berchen ar y merlod hyn, roedd o'n eithaf cefnog, achos cyflog gwas fferm ar y pryd oedd swllt y dydd, a'r merched druain ddim ond yn cael chwe cheiniog. Ar wahân i werthu i'r diwydiant glo roedd yn rhaid cadw rhai wrth gefn i weithio ar y tir – pedwar yn tynnu'r aradr i aredig, un neu ddau i gario'r mawn, neu gario tywyrch i lawr o'r bryniau i'w defnyddio yn lle gwellt yn wely i'r gwartheg dros y gaeaf.

Yr Ardalydd Londonderry fu'n bennaf cyfrifol am ffurfio Cymdeithas y Merlod Shetland ym 1890 er mwyn gwella'r brîd a'u cadw rhag cymysgu, â'r stalwyni a'r merlod yn rhedeg efo'i gilydd rywsut-rywsut ar yr ynysoedd. Perchennog pyllau glo yn Swydd Durham oedd yr Ardalydd. Roedd o wedi ei blesio'n fawr efo'r merlod a oedd yn gweithio yn ei byllau, ond nid da lle gellir gwell. Roedd yn rhaid cael gwell asgwrn, mwy o ysgwydd, ac roedd y taldra i fod oddeutu deng dyrnfedd (*hand*) neu 42 o fodfeddi o'i draed i waelod y mwng. Gwnaethpwyd hyn oll drwy lawer o fewnfridio – llawer mwy nag y buasai pobl yn ei wneud heddiw, ond yn wyddonol, roedd yn berffaith iawn a buan iawn roedd y merlod yn cael eu hadnabod fel rhai math Londonderry.

Y rheswm bod y brîd yn mynd yn salach oedd bod tyddynwyr yr ynysoedd yn gwerthu eu merlod gorau nes bod hynny'n eu gadael efo stoc salach ar gyfer bridio, gyda'r canlyniad fod y genhedlaeth nesaf yn salach fyth, ac yn y blaen. Dyna a welodd yr Ardalydd pan ffurfiodd y Gymdeithas, gyda fo'i hun yn Llywydd arni. Yn fuan, roedd llawer o berchnogion tir eraill yn dilyn ei esiampl ac yn defnyddio stalwyni a merlod a oedd o'r ansawdd gorau. Oni bai am ymdrech Londonderry, buasai'r merlod Shetland wedi ymbellhau fwyfwy oddi wrth y math gwreiddiol yn y diwedd, drwy gael eu croesi gydag unrhyw frîd arall, rhai mwy o lawer wrth gwrs.

Ond yn ôl i Fôn, ac Emma a Lucky Lad, y ferlen a'r cyw gwryw a brynwyd yn yr Alban. O fridfa Harry Sleigh mewn fferm efo'r enw swynol, St John's Wells, y daeth y ddau. Dyma'r gŵr a'n rhoddodd ni ar ben ffordd efo'r merlod, ac roedd gennym barch mawr tuag ato. Mae un o'i wyrion, Harri III – enw brenhinol os bu un erioed – yn dal i ffermio fferm ei daid ac â diddordeb mawr yn y merlod Shetland. Byddwn yn cyfarfod bob mis Hydref yn arwerthiant ceffylau Inverurie ac mae o'n dweud ein bod ni'n dau, Audrey a minnau, yn gwybod mwy am linach ei ferlod na fo'i hun! Pe byddem yn byw yn nes at St John's Wells efallai y byddem wedi prynu mwy o ferlod o'r brîd hwnnw, ond roedd hi'n andros o siwrnai yno –

dros 400 milltir, sydd braidd yn bell i gludo anifeiliaid. Yn ffodus, fe glywsom fod gan ryw Mrs Bailey a oedd yn byw yn Swydd Stafford, geffyl o'r enw Superfine, ar werth, ac roedd hwn yn 100% o frîd St John's Wells. A dyma daro bargen yn y fan a'r lle rhag ofn i rywun arall ei fachu – Mrs Bailey yn ei ddanfon o Burton-on-Trent at Tom i Chatsworth, a ninnau'n ei gludo wedyn yn saff i Blas Gwyn, fel tasa fo'r *Crown Jewels* neu drysor cyffelyb. Cynhyrchodd yr undeb rhwng Emma a Superfine well cywion o lawer i ni, ac yn fuan, cawsom ein stalwyn ein hunain – Isle of Mona Edward. Ia, hen enw Ynys Môn sydd o flaen pob cyw sy'n cael ei eni ym Mhlas Gwyn, sef yr Isle of Mona Stud.

Er mwyn gwneud y gwaith yn hawdd i ddilyn pedigri, mae enw pob cyw bach yn dechrau efo'r un llythyren ag enw ei fam. Er enghraifft, os mai Sarah ydi enw'r fam, bydd pob un o'i hach hi yn Sandie, Seimon, Sionyn neu Sami ac ati.

Yn y cyfamser bu inni gychwyn dosbarthiadau Merlod Shetland mewn sioeau lleol. Digon prin oedd yr ymateb ar y cychwyn, ond erbyn hyn mae pethau wedi gwella, ac roedd 89 yn cystadlu yn Sioe Môn yn 2016.

Er bod pethau wedi dechrau gwella i'n bridfa ninnau yn y dyddiau cynnar hynny, ac er bod gennym ferlod eitha' da, ac yn ennill ambell rosglwm coch yma ac acw, roeddem ni'n dal i geisio gwella'r gwaed. Clywsom am geffyl oedd ar werth a fuasai'n ein codi i lefel uwch eto. Roedd ganddo enw brenhinol, Harviestoun Phyllapine, ac roedd Lucy Poett, a oedd yn byw nid nepell o Alloa yn yr Alban yn awyddus i'w werthu. Doedd dim byd amdani ond gwneud cynnig dros y ffôn – ei brynu heb ei weld – peth peryg iawn i'w wneud wrth brynu ceffyl . . . Nid wrth ei big y mae prynu cyffylog, meddai'r hen air. Wrth gwrs, mi fuasen ni wedi medru tynnu'n ôl ar ôl ei weld pe bai rhywbeth mawr yn bod efallai, ond ar ôl

Ninnau mewn sêl ceffylau yn St John's Wells, swydd Aberdeen yn 1972.
Fe wnaethon ni brynu caseg ac ebol er mwyn sefydlu'r fridfa.

Y Goron Driphlyg yn Sioe Môn yn 1988! Rhys Hughes, Gwen Hughes ac
Audrey gyda Phyllipine, Katies ac Agonia.

Sioe Dinbych a Fflint. Sarah a Seimon (chwith) ydy'r ceffylau.

Pencampwyr yn Sioe Llanrwst – y gaseg, Sheila a'r ebol, Sherlock.

Triawd hapus ar ôl ennill Cwpan Dr Hughes am y ceffyl gorau yn yr Adran Shetland. Sheila oedd y gaseg arobryn.

Yours truly a'r hen Massey Fergie.

Gareth yn dangos Sheena yn Sioe Dinbych a Fflint, 2017.

Cael fy urddo i'r Orsedd yn
Eisteddfod Môn am fy nghyfraniad
i fyd y ddrama ar yr ynys. Ar
Lwyfan ydy fy enw barddol.

Audrey ar ddiwrnod priodas
Eirian, Medi 1990.

Ar wyliau yn yr Iwerddon.

Ar ein gwyliau gyda chwmni Seren Arian yn Norwy.

Aduniad Hogia Llandeusant yn y Valley Hotel, 2016.

Merched Llanddeusant yn yr aduniad yn 2016.

Audrey yn paratoi ar gyfer un o gyfarfodydd Sefydliad y Merched.

Emrys, cefnder Audrey a'i wraig, Generys.

Mam (canol), ei brawd, Tom a'i chwaer, Mary. Tynnwyd y llun yn yr 80au.

Blaenoriaid Capel Moreia, 2017: O'r chwith i'r dde, Delwyn Pritchard, Gruff Wyn Owen, Gwilym Williams, Margaret Hughes, Enid Jones, Gwilym Hughes a finnau.

Y plant, Eirian (2 ½) a Meirion (5). Priodas Eirian a Terry, 1990.

Priodas Meirion a Jenny, 2007.

Y mab, Meirion, ei wraig Jenny a
fy ŵyr, Thomas John.

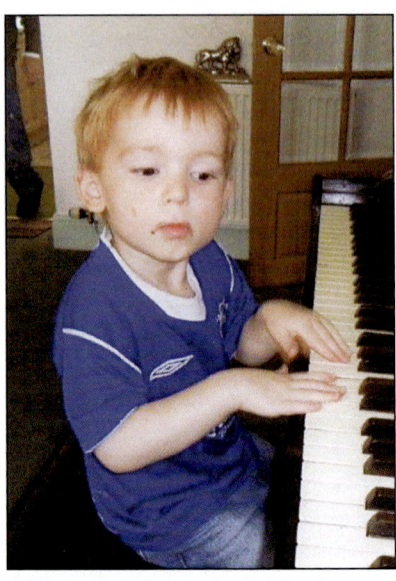

Thomas John yn bedair oed – yr
Iwan Llewelyn Jones newydd?!

Thomas John yn ei elfen – Gareth
Bale y teulu!

Dyna fi, wedi llwyr ymddeol!

Y cwpwl bytholwyrdd.

Dau gefnder – Gareth a Thomas.

Dathlu'n Priodas Aur ym mis Chwefror 2014 yng nghwmni'r teulu. O'r chwith i'r dde: Terry, Eirian, Gareth, y cwpwl hapus, Meirion, Jenny a Thomas.

gwneud y siwrnai hir i'r Alban, doedd dim rhaid i ni boeni. Roedd yn anifail yn werth ei weld – digon o asgwrn a'r natur orau, dim cic na brathiad yn perthyn iddo. Fo ydi taid a hendaid y merlod sydd gennym acw ar hyn o bryd, gan fod pob un sydd gennym heddiw – tuag ugain o geffylau – yn dod o'r un llinell.

Ers yn agos i 50 mlynedd o arddangos a beirniadu, mae Audrey a minnau wedi llwyr fwynhau'r profiad. A da ydi gallu dweud fod Eirian erbyn hyn yn feirniad, a'i bod hithau a Gareth, ei mab, yn cymryd rhan flaenllaw yn y fridfa. Mae llawer un yn dweud mor lwcus ydi Audrey a minnau fod y ddau yn ddilyniant addas i gadw enw Isle of Mona yn fyw am dipyn eto.

Yn 2014, yn Sioe Llanrwst, wrth ddisgwyl mynd i mewn i'r cylch i arddangos y merlod, pwy ddaeth heibio ond Dai Jones Llanilar. Roedd ei Land Rover wedi ei pharcio wrth ymyl lle'r oeddem yn sefyll. Dyma Audrey yn tynnu sgwrs efo fo ac yn dweud nad oedd y merlod Shetland erioed wedi cael eu gweld ar *Cefn Gwlad*.

'Fy mechan bach i,' meddai Dai, 'dydan ni erioed wedi dod ar draws neb sy'n ymwneud â nhw ac sy'n siarad Cymraeg.'

Roeddem ni'n deall hyn, achos nid ydi 99% o fridwyr Cymru'n siarad iaith y nefoedd.

'Dewch â rhif ffôn i mi,' meddai Dai, ac i ffwrdd â fo i feirniadu anifeiliaid anwes, a ninnau'n meddwl dim mwy am y peth. Ymhen tridiau roedd Dai ar y ffôn yn gofyn a oedd modd iddo fo a Marian, ei P.A., alw i'n gweld. Fel dyn stoc ei hun, fe wnaeth y ceffylau argraff fawr arno, ac roedd wrth ei fodd o glywed bod gennym ddiddordebau eraill heblaw'r anifeiliaid. Canlyniad yr ymweliad oedd penderfynu y byddai *Cefn Gwlad* yn dod acw i wneud rhaglen amdanom. Roedd yn rhaid rhoi tri diwrnod o'r neilltu ar gyfer ffilmio'r rhaglen er mai tua 23 munud y byddai'n cymryd i'w darlledu hi.

Dyma griw o bump yn cyrraedd Plas Gwyn ar fore braf o Fedi: Dai, Marian, Geraint, y cynhyrchydd, y dyn camera a'r dyn sain. Roedd y merlod i gyd yn y cae ger y tŷ er mwyn hwylustod ar y bore cyntaf, a minnau'n cael fy ffilmio yn egluro tarddiad y brîd wrth Dai. Aeth popeth yn rhyfeddol o dda nes i Skye, un o'r cywion beinw, roi brathiad reit ffyrnig i Dai yn ei goes! F'asach chi fyth wedi medru trefnu'r fath beth, rhag ofn i chi feddwl mai dyna ddigwyddodd!

Mae gennym giât mochyn yn arwain o'r cae i'r iard, ac mewn oes o fridio ceffylau, welsom ni'r un ceffyl yn dod drwy'r giât honno ... nes i Skye weld Dai a phenderfynu cymryd tamaid ohono i brofi! Mi wnaeth hi'n union yr un peth wedyn i'r camera, heb fath o anogaeth gan neb. Rhyfedd iawn, a doniol hefyd o edrych yn ôl. Diolch byth, chafodd Dai druan mo'i frifo'n rhy ddrwg.

Yn y prynhawn roedd Audrey'n dangos sut y byddem yn golchi'r merlod ar gyfer sioe wrth siarad efo Dai. Yna, ar yr ail ddiwrnod, tro Eirian oedd egluro i Dai agweddau eraill ar redeg bridfa ac fel yr oedd hi wedi ei magu efo nhw, yn mynd i'r sioeau a'r arwerthiannau ac yn y blaen. Dyma Dai yn gofyn a oedd hi wedi pasio rhywfaint o'r diddordeb i'w mab, Gareth, ac Eirian yn egluro ei fod yn y brifysgol ar y pryd, ond bod ganddo ddiddordeb, a'i fod yn help garw yn ystod y tymor arddangos. Y diwrnod hwnnw hefyd, buom yn ymwneud â'n diddordebau eraill, sef y Theatr Fach a Chapel Moreia, lle rydw i'n Drysorydd.

Ar y trydydd diwrnod, cafodd Audrey'r cyfle i sôn am un o'i diddordebau pennaf hithau, sef Sefydliad y Merched. I ddarfod y cwbl, aeth â'r criw i Neuadd y Sefydliad yn Llanfairpwllgwyngyll, lle sefydlwyd y gangen gyntaf un o'r mudiad ym Mhrydain, a oedd yn dathlu ei ben-blwydd yn 100 oed yn 2015. Derbyniodd y rhaglen ymateb eithaf da, dwi'n meddwl. Digon o amrywiaeth oedd barn y mwyafrif yn ôl yr hyn a glywsom ni, a chawsom alwadau ffôn o Awstralia, Canada, a phedwar ban byd, gan rai a oedd wedi ei gweld hi trwy wyrth y lloeren a'r we.

Y peth cyntaf oedd yn digwydd yn y bore cyn dechrau ffilmio oedd paned o de neu goffi, ac Audrey'n rhoi tua 30 o sosejys dan y gril gan fod y dyn camera a'r dyn sain wedi dod o ochrau Caer a heb gael cyfle i gael bwyd. Roedd y brecwast yn dderbyniol iawn, a rhwng y criw, diflannai'r sosejys yn fuan iawn, a llawer o baneidiau. Dai fu'n gyfrifol am glirio'r rhan fwyaf ohonynt, does dim angen gofyn! Byddwn yn cofio am y tridiau hynny yn hir iawn, a diolch i'r criw i gyd am fod mor amyneddgar efo ni.

Bu llawer tro trwstan wrth deithio i sioeau neu arwerth-iannau dros y blynyddoedd, ond dim byd tebyg i'r hyn ddigwyddodd i deulu o'r Wyddgrug un tro. Roeddan nhw wedi gofalu am bopeth cyn cychwyn i sioe yn Amwythig; y ffrwyn wedi ei glanhau'n lân, pob brwsh a chrib yn ei le, a phob math o olew; llond hamper o frechdanau yn saff yn y bŵt, cotiau glaw a welis hefyd, rhag ofn, ynghyd â rhif i'r anifail a thocynnau i fynd i mewn i'r maes. Oeddan, roeddan nhw wedi meddwl am bopeth. Ond ar ôl cyrraedd, dyma agor drws cefn y trelar, ac ia, roeddan nhw wedi anghofio'r ceffyl. Pawb yn rhoi'r bai ar ei gilydd, y tad yn meddwl bod y fam wedi ei lwytho fo a'r fam yn meddwl bod y ferch wedi gwneud. Druan ohonyn nhw!

Ar yr ail ddydd Sadwrn ym mis Mehefin cynhelir Sioe Dyffryn Ogwen a Sioe Aberystwyth. Ia, dwy sioe dda ar yr un diwrnod. Doeddwn i ddim yn siŵr, wrth roi enwau'r merlod i mewn, i ba un yr oeddem ni am fynd i arddangos. Ym mha un o'r ddwy sioe yr oed y beirniad fuasai'n hoffi ein merlod ni orau? Hwnna oedd y cwestiwn mawr. Beth bynnag, codi'n cwch am Aberystwyth wnaethom ni'r diwrnod hwnnw, er wn i ddim pam chwaith, gan fod Bethesda cymaint yn nes i ni.

Cyrraedd y sioe yn ddidrafferth, prynu catalog a throi'n syth i adran y Shetlands er mwyn gweld pwy oedd ein gwrthwynebwyr, a dyma floedd gan Audrey, 'Dydan ni ddim wedi dod â'r anifeiliaid iawn! Rhain oedd i fod i fynd i Fethesda. Be' wnawn ni rŵan?'

Hynny ydi, roedd yr anifeiliaid a oedd wedi eu cofrestru ar gyfer Sioe Aberystwyth adre'n pori ym Mhlas Gwyn. Dyma benderfynu cael gair efo'r Ysgrifennydd i weld a gawn ni arddangos ai peidio. Audrey aeth, ac eglurodd beth oedd wedi digwydd.

'Felly, wir,' meddai'r Ysgrifenyddes, gyda gwên faleisus a oedd yn awgrymu nad oedd hi'n siŵr iawn os oedd Audrey'n dweud y gwir. Mae'n siŵr ei bod wedi clywed yr un stori laweroedd o weithiau ar hyd y blynyddoedd. Os ydych chi wedi rhestru anifail i gystadlu, a bod enw hwnnw yn y catalog, wel, hwnnw sydd i fod ar y maes a does dim eilyddio i fod o gwbl. Mae honno'n rheol bendant ym mhob sioe.

'Rydan ni wedi cychwyn ers 5.30 y bore 'ma,' meddai Audrey, 'tair awr o siwrnai.'

Beth bynnag, ar ôl ymgynghori efo hwn a'r llall, cawsom ganiatâd i gystadlu efo'r ddau anifail 'anghywir'. Gan fod hyn wedi cymryd dipyn o amser, roedd hi bron yn amser dechrau'r gystadleuaeth erbyn hyn. Dyma dynnu'r ddwy ferlen o'r trêlar a dechrau eu paratoi i gystadlu, a phawb – ni'n dau a'r plant – ar bigau'r drain ac yn ofni clywed llais y cyhoeddwr yn dweud, 'Merlod Shetland i gylch dau os gwelwch chi'n dda.'

Pan oeddem ar fin cychwyn i arddangos, dyma Audrey'n

stopio'n stond a'i hwyneb yn wyn fel y galchen, 'Aros am funud, mae 'na rywbeth mawr wedi digwydd.'

'Be' sydd,' gofynnais, 'does 'na ddim un o'r rhain yn gloff nagoes?'

'Gwaeth o lawer,' meddai Audrey, 'dwi wedi colli fy modrwy briodas.'

Wrth dynnu dwylo drwy gynffon y ferlen, a'r rheiny efo olew arbennig arnynt er mwyn rhoi dipyn o sglein ar y gynffon, roedd y fodrwy wedi llithro i ffwrdd i ganol y glaswellt trwchus. Rŵan, doedd wiw i ni symud cam rhag colli lle yn union roedd y fodrwy wedi disgyn. A dyna lle'r oedd pawb ar eu pengliniau yn chwilota a phawb yn dweud wrth iddynt basio am i ni frysio, gan eu bod wedi galw, a'r gystadleuaeth ar fin dechrau. Drwy ryw drugaredd, ar ôl chwilio brwd am tua deng munud, daethpwyd o hyd i'r fodrwy golledig. A dwi'n falch o ddweud ei bod hi'n dal ganddi – fwy na hanner can mlynedd bellach, ers i ni briodi.

A do, aethom adref y diwrnod hwnnw efo rhosglwm y bencampwriaeth yng nghlust un o'r merlod a oedd i fod adref ym Mhlas Gwyn yn pori'n braf!

Dwi'n cofio mynd i sioe yng Nghaerhirfryn (Lancaster) unwaith, a phenderfynu mynd y noson gynt gan ei bod braidd yn bell. Roedd stablau yno i gadw'r merlod dros nos. Ond erbyn cyrraedd roedd hi wedi dechrau tywyllu, ac mi gawsom ni drafferth dod o hyd i gae'r sioe. Doeddem ni erioed wedi bod i'r sioe hon o'r blaen, a doedd gennym ni ddim syniad lle i fynd. Roedd hyn cyn dyddiau'r *SatNav*, ond roedd gennym ni gyfaill yn byw nid nepell o Gaerhirfryn, a dyma'i ffonio fo a gofyn iddo ein rhoi ni ar ben ffordd.

'Dilynwch yr arwyddion am yr amlosgfa,' meddai, 'a byddwch yn siŵr o gael hyd iddi.'

Iawn. Popeth yn dda: mynd i'r cyfeiriad cywir, heibio'r

amlosgfa, a hithau'n dywyll erbyn hyn. Yn sydyn, gwelsom babell fawr mewn cae, a ninnau'n falch ein bod wedi cyrraedd o'r diwedd. Roedd golau mawr yn y babell, a ninnau'n meddwl bod y pwyllgor yn darfod gwneud eu trefniadau yn barod am y diwrnod canlynol. Dyma anelu trwyn y lori am y babell – o ia, anghofiais ddweud fod gennym ni gerbyd pwrpasol i gario ceffylau erbyn hyn – *horsebox*.

'Mi a' i i holi lle mae'r stablau,' medda' fi, ac i mewn â fi i'r babell.

Anghofia' i fyth yr olygfa honno. Beth oedd yno ond dwn i ddim faint o sgowtiaid bach a phob un yn dyfalu beth oedd y twrw mawr tu allan i'w pabell nhw, gan fod injan y lorri yn dal i droi. Ia, *jamboree* fawr oedd yn y cae hwnnw nid sioe, a dyma ryw ddyn ataf â golwg eithaf blin arno. Ond ar ôl deall beth oedd yn bod eglurodd bod cae'r sioe tua hanner milltir i ffwrdd.

Dwi'n cofio diwrnod gwlyb iawn yn Sioe Cerrigydrudion un flwyddyn hefyd. Roedd hi wedi bwrw'n drwm drwy'r bore, ac ar ôl arddangos aethom yn ôl am y lorri i gael newid i ddillad sych ac i gynhesu mymryn. Y peth cyntaf a wnaethom ni oedd rhoi'r tegell ar y tân nwy i wneud paned. Gan fod gen i gôt law reit dda, roedd fy nillad yn sych. Ond doedd fy esgidiau ddim cystal â fy nghôt mae'n rhaid, achos roedd fy sanau yn wlyb diferol. Tynnais i nhw, ond am nad oedd gen i bâr sych efo fi, mi gefais syniad: lle gwell i'w rhoi nhw i sychu na dros y tegell oedd ar y tân?

Wrth siarad am beth oedd wedi digwydd yn y cylch, pwy oedd wedi cael beth, a'r hyn a'r llall, yn sydyn, dyma Gareth yn dweud, 'Taid, Taid, mae'r lorri ar dân!'

Roedd mwg mawr yn llenwi'r gegin fechan yn ffrynt y lorri a phawb yn dechrau panicio'n llwyr. Roeddwn wedi anghofio popeth am y sanau, ac roedd fflam nwy wedi cydio yn un ohonynt, ac roedd hi'n llosgi'n braf. Gafaelais yn y sanau a'u lluchio nhw allan cyn belled ag y medrwn a phawb ar y cae yn methu deall beth oedd yn digwydd.

'Ro'n i'n meddwl fod y Red Arrows wrthi'n ymarfer yn Sioe Cerrig,' meddai un wag.

'Na,' meddai un arall, 'mae 'na naw o'r rheiny, a dim ond dwy hosan oedd 'na.'

Soniais eisoes am y stalwyn, Phyllapine, yr oeddem am ei brynu yn yr Alban. Cawsom alwad ffôn gan Mrs Poett ar ddydd Mercher yn dweud bod yn rhaid inni ei nôl y bore Sul canlynol, gan fod pobl o dde Lloegr yn dod yno yn y prynhawn; y rheiny'n awyddus iawn i'w brynu ac yn fodlon rhoi mwy amdano nag yr oeddem ni wedi'i gynnig. Yr adeg honno, tua chanol y 1970au, roedd merlod Shetland yn newid dwylo am rhwng £800 a £1,000. Ond am ryw reswm, dim ond £200 ofynnodd Mrs Poett gennym am Phyllapine – pris rhesymol tu hwnt am anifail o'r brîd gorau. Roedd y stalwyni gorau'n mynd am £1,500 neu £2,000 hyd yn oed y pryd hwnnw. Rhaid felly oedd cychwyn yn gynnar brynhawn Sadwrn.

Fe ddylsem fod wedi cychwyn toc ar ôl cinio, ond wnaethom ni ddim gan fod rhwng tri a phump o'r gloch ar brynhawn Sadwrn yn sanctaidd i mi. Fel arfer ar yr adeg honno byddaf yn eistedd o flaen y teledu neu'n gwrando ar y radio am y canlyniadau pêl-droed. Fel y clywch chi yn nes ymlaen, dwi'n gefnogwr brwd o Aston Villa, ac mae'n rhaid cael clywed y canlyniadau ar brynhawn Sadwrn.

A minnau wedi ymgolli'n lân, mi aeth hi'n bump o'r gloch arnom yn cychwyn efo'r lorri. Hon oedd y lorri gyntaf inni ei phrynu – Leyland hynafol a oedd wedi gweld ei dyddiau gorau. Erbyn i ni gyrraedd yr M6 a mynd heibio Preston, roedd hi wedi tywyllu a lorïau mawr yn gwibio heibio ac yn gwneud rhyw arwyddion rhyfedd arnom. Dyma dynnu i mewn i un o'r safleoedd gwasanaethau i weld beth oedd yn bod, a chanfod nad oedd gennym olau o gwbl ar y tu ôl – dim golau coch, dim golau fflachio na golau brêcs!

Agorais y gwydrau i gael at y bylbiau (lwcus fod gen i sgriwdreifar neu ddau efo fi) a synnu at beth welais i. Doedd 'na ddim un bylb yno! Roedd pob un wedi diflannu – chwech ohonynt! Rhaid imi egluro fod iard Plas Gwyn yn rhy fach yr adeg honno a byddwn yn cadw'r lorri mewn llecyn tua 200 llath i ffwrdd. Mae'n rhaid fod rhywun wedi gweld ei gyfle ac wedi dwyn y chwe bylb o fanno. Drwy ryw lwc, roedd bylbiau a fuasai'n gwneud yn iawn dros dro ar werth yn y garej, ac ar ôl eu gosod, i ffwrdd â ni drachefn am y gogledd pell. Erbyn tua hanner nos doeddem ni ddim yn bell o Alloa a dyma benderfynu aros mewn cilfan i gael tamaid i'w fwyta, a chwsg.

Fis Hydref oedd hi, heb fod yn od o gynnes chwaith, fel mae hi'n gallu bod yr adeg honno o'r flwyddyn yn yr Alban. Wrth ddeffro yn y bore dyma Audrey'n dweud fod 'na oglau ofnadwy yn dod o rywle.

'Rhywun wedi bod yn chwalu tail mae'n siŵr sti,' medda' finnau.

'Na, nid oglau felly ydi o,' meddai hitha.

Dyma agor y drws a chael dipyn o sioc, achos wrth y giât a oedd yn arwain i'r cae gerllaw, roedd yna anferth o fuwch fawr yn gorwedd. Roedd hi wedi marw ers o leiaf wythnos. Wnaethom ni ddim bwyta rhyw lawer o frecwast y bore hwnnw!

Cyraeddasom y fferm toc wedi naw o'r gloch y bore ond roedd y bobl o dde Lloegr wedi cyrraedd yno'n barod ac yn llygadu'r hen Phyllipine. Ond i'n lorri ni yr aeth o'r diwrnod hwnnw, ac aethom ni oddi yno'n reit handi hefyd rhag ofn i Mrs Poett newid ei meddwl. Rydym yn ffrindiau da efo hi byth ers hynny, ac wedi cael aml i sgwrs efo hi mewn sioe neu arwerthiant dros y blynyddoedd. Cerflunydd ydi hi wrth ei phrif alwedigaeth ond mae hi a'i gŵr yn ffermwyr llwyddiannus hefyd, wedi newid o ffermio gwartheg Charolais i ffermio ceirw. Mi gafodd hi fenthyg Phillapine gennym ni flwyddyn neu ddwy yn ddiweddarach, achos dwi'n meddwl ei bod hi wedi difaru ei werthu fo. Mae'n rhaid ei bod hi'n teimlo ei bod yn gallu ymddiried ynom ni.

Ond doedd ein helyntion ar y daith arbennig honno pan brynwyd Phillapine ddim ar ben eto chwaith. Rywle wrth ymyl Caerliwelydd (Carlisle), dyma Audrey'n cwyno fod ganddi ddŵr poeth. Na, nid angen *Rennies* yr oedd hi, ond gweiddi fod 'na ddŵr poeth yn tywallt am ben ei thraed hi! Dyma dynnu i mewn ar ochr y drafffordd a gweld bod un o'r peipiau gwresogi wedi dod yn rhydd. Unwaith eto, daeth yr hen sgriwdreifar yn handi. Ar ôl aros am dipyn i'r injan oeri a llenwi'r *radiator* efo peth o'r dŵr yr oeddem ni'n ei gario i'r ceffyl, i ffwrdd â ni unwaith eto ar ein siwrnai. Mae'n rhaid fod 'na dwll bach yn yr egsôst yn rhywle hefyd, achos pan gyraeddasom ni adref, roedd wynebau'r ddau ohonom yn ddu fel y parddu. Roeddem ni'n edrych fel dau o'r *Black and White Minstrels* – dim ond dwy lygad a dannedd gwyn i'w gweld. Ia, trip bythgofiadwy oedd hwnnw, ond ymhen pum mlynedd, roedd Phyllipine yn ôl yn yr Alban. Roedd Mrs Poett isio cael ei fenthyg am flwyddyn neu ddwy ar gyfer ei chesig ei hun. Mae'r math yna o drefniant yn digwydd yn reit aml; ac ar ôl gorffen ei waith yno, daeth yn ôl i Fôn unwaith eto i ddarfod ei ddyddiau mewn hedd. Ia, stalwyn da iawn oedd Phyllipine.

Mae deng mlynedd yn dalp sylweddol o amser yn ein bywydau ni, ond yn y byd bridio ceffylau dydi o'n ddim byd. Mae'n rhaid trio fel hyn ac fel arall nes cael y gwaed a'r teip yr ydych yn chwilio amdano. Mae'n rhaid dioddef sawl siom ar y dechrau, a buom am saith mlynedd cyn cael y wobr

121

gyntaf mewn unrhyw sioe, saith mlynedd hir lle bu bron inni â rhoi'r ffidil yn y to lawer gwaith. Rhaid cofio mai barn un dyn neu ddynes ar y diwrnod sy'n penderfynu os ydych chi'n haeddu gwobr ai peidio. Gallwch fod yn anlwcus un wythnos, ac yn llwyddiannus mewn sioe arall yr wythnos ganlynol. Does neb yn cael y wobr gyntaf ym mhob sioe flwyddyn ar ôl blwyddyn achos dydi anifail ddim ar ei orau bob amser. Rydym ni wedi colli lawer gwaith lle dylsem fod wedi ennill (yn ein tyb ni) ac wedi ennill ambell waith hefyd, lle dylai rhywun arall fod wedi mynd â hi. Dyna pam fod cymaint yn cystadlu achos does gan neb syniad beth sy'n mynd i ddigwydd o sioe i sioe.

Dros y blynyddoedd rydym wedi ennill rhai o brif gystadlaethau'r brîd gan gynnwys Pencampwriaeth Sioe Frenhinol Cymru, dwy ail a thrydydd yn y Royal Show, Stoneleigh, a'r brif wobr lawer gwaith yn sioeau Sir Fôn, Dinbych a Fflint, a Meirionnydd. Ond yr un sy'n golygu mwyaf inni oedd cwpan Dr Hughes yn Sioe Môn 2014, am y ceffyl gorau a fagwyd ym Môn. Cwpan ydi hon sy'n agored i bob brîd yn eu tro, a bydd tua 25 mlynedd wedi mynd heibio cyn i'r adran Shetland gael cyfle arni eto.

Ond wrth feddwl yn ôl am ein helyntion a'n llwyddiannau ym myd y merlod, mae 'na un stori drist yn dod i'r wyneb. Ym mis Awst 1988 roedd Sioe Frîd y Merlod Shetland yn Ardingley, Swydd Sussex. Cawsom sioe dda a chael y gwpan am yr anifail gorau wedi ei fridio yng Nghymru. Ond ar ôl cyrraedd adref, cawsom y newyddion drwg fod Mam wedi marw. Fedrwn i ddim credu'r peth i ddechrau, achos doedd hi ddim wedi bod yn cwyno o gwbl. Pan oeddem yn blant, byddai'n cael pyliau drwg o asthma ond roedd hynny wedi mynd ers talwm. Ar ôl cael y newyddion, dyma Gwen, fy nghyfnither ac Iorwerth, ei gŵr, a oedd yn dod efo ni i bob sioe yn y cyfnod hwnnw i roi help llaw, yn dweud, 'Cerwch chi, mi wnawn ni edrych ar ôl popeth efo'r merlod.'

Ac i ffwrdd ag Audrey a minnau am Landdeusant. Cyrraedd Castell, ac Owen – Taid – yn torri ei galon. Roedd Jean, fy chwaer, yn nyrs ym Mae Colwyn ar y pryd, ac roedd hithau wedi bod yn aros yno ers deuddydd.

Roedd Owen, Mam a hithau wedi bod yn tacluso yn un o'r llofftydd, a dyma Mam yn mynd i lawr y grisiau i chwilio am rywbeth neu'i gilydd. Roedd Owen yn ei gweld hi'n hir, a dyma fo'n mynd i lawr i chwilio amdani a'i chael ei bod hi ar lawr. Galwodd yr ambiwlans, ond roedd hi'n rhy hwyr.

'Trawiad ar y galon gafodd hi,' meddai Jean. 'Ddaliodd hi ddim, cofia. Roedden ni'n gwybod eich bod chi mewn sioe yn rhywle ond doedd gynnon ni ddim syniad yn lle, a fedrach chi ddim fod wedi gwneud dim p'run bynnag.'

Roedd o'n dipyn o sioc, heb sôn am golled wrth gwrs. Dim ond 79 oedd Mam, ac fe'i claddwyd efo fy nhad ym mynwent Llantrisant. Roedd Owen a hithau wedi gwneud y trefniadau, ac yntau i'w gladdu efo'i wraig gyntaf yn Elim.

Gwnaethom lawer iawn o ffrindiau yn y byd ceffylau o Fôn i Benrhyn Gŵyr ac o dde Lloegr i ogledd yr Alban, ond 'bugeiliaid newydd sydd,' a niferoedd y bobl a oedd yn dechrau yr un pryd â ni yn mynd yn llai ac yn llai fesul blwyddyn. Bu Audrey a minnau yn lwcus cael dechrau a ninnau'n weddol ifanc, yn ein tridegau, ac mae hynny wedi bod yn fantais garw. Buom yn arddangos mewn tuag 20 o sioeau bob tymor, ond rŵan, dydan ni ddim ond yn mynd i ryw wyth o rai lleol ym mis Awst er mwyn cadw'r dosbarthiadau i fynd a chefnogi'r sioeau bach yn fwy na dim.

Gobeithio y cawn iechyd i ddal i fynd am dipyn eto ond dwi'n siŵr bod y fridfa yn saff am flynyddoedd eto yn nwylo Eirian a Gareth. O, ia, beth am Meirion, y mab, meddach chi?

Chwi gofiwch i Audrey a minnau brynu merlen bob un i Eirian ac yntau yn Chatsworth reit ar ddechrau'r bennod, a dim sôn amdano wedyn. Wel, mae ganddo alergedd cryf iawn at geffylau, felly, fedr o ddim mynd yn agos atyn nhw.

'Tra bo dynoliaeth fe fydd amaethu,
A chyw hen linach i'w holynu . . .'

chwedl Dic Jones, ond fydd hynny ddim yn digwydd yn achos Meirion druan, beth bynnag!

Golygfa 11

Edrychir ar ei ymdrechion – amlwg
O demlau'r Cristnogion,
A mawl hen ffyddloniaid Môn
Yn golau fflam ei galon.

Mirain Foreia a chapeli eraill

Ydach chi'n cofio i mi grybwyll yn y bennod gyntaf fy mod yn flaenor Methodist? Wel, yng Nghapel Moreia, Llangefni yr ydw i'n cyflawni'r 'barchus, arswydus swydd' honno, a fi ydi'r Trysorydd hefyd am fy mhechodau. Ond o ddifri, mae'r capel wedi chwarae rhan bwysig yn fy mywyd erioed, ac yn dal i wneud.

Y cof cyntaf sydd gen i o fynd i'r capel ydi toc ar ôl y rhyfel, tua 1946 efallai. Cerdded rhyw filltir o Bontrhydydefaid i Gapel Trefor, y pentref bach rhwng Bodffordd a Bodedern ar hen ffordd y goets fawr o Lundain i Gaergybi. Un o gapeli'r Wesleaid oedd – ac ydi – Capel Trefor o hyd, ac mae'n sefyll ar sgwâr y pentref bach, gyferbyn â'r siop lle ganwyd Syr John Morris-Jones. Yn ôl y sôn, byddai ei dad yn cerdded o Drefor i Lanfairpwll i weithio, ond ymhen tipyn, symudodd y teulu yno i gadw siop. Pan o'n i'n blentyn, cerdded oedd yn rhaid i ninnau, i bob man fwy neu lai, am na fuo gan fy nhad foto erioed.

Cyn cychwyn am y capel, yn enwedig ar nosweithiau Sul braf, byddai fy nhad yn gadael drws y tŷ yn agored, ond dim ond y rhan uchaf gan mai drws stabl oedd o. Byddai'r rhan isaf ynghau rhag ofn i'r ieir fynd i'r tŷ. Dwi'n cofio dod adref un nos Sul a gweld dau feic yn pwyso'n dwt ar wal fach yr ardd, ac fel yr oeddem yn agosáu, clywn oglau bacwn yn ffrio yn dod o'r tŷ. Cefnder fy nhad a'i gyfaill oedd wedi dod o Amlwch, lle'r oeddynt yn gweithio ar ffarm, ac wedi gwneud ffidan o facwn ac ŵy iddyn nhw'u hunain. Doedd gwraig y ffarm lle'r oeddan nhw'n gweithio ddim yn enwog fel cogyddes. Yn y blynyddoedd rhwng y ddau ryfel, roedd yn well gan lawer o weision weithio am lai o gyflog os oedd y bwyd ar y ffarm honno'n digwydd bod yn well ei safon. Roedd un ffarm rhwng Llanddeusant a Mynydd Mechell wedi cael yr enw Wyrcws Llanfflewin am fod y bwyd mor drybeilig o sâl. Uwd oedd i frecwast bob bore a hwnnw fel dŵr. Dim rhyfedd mai 'pibo'r diafol' oedd y gweision yn ei alw.

Dydd Sul oedd yr unig ddiwrnod yr oedd pwdin reis ar y bwrdd, ond roedd hwnnw wedi bod yn y popty yn hwy o lawer nag y dylai a'r croen ar ei ben wedi mynd fel gwadn esgid. Er hynny, byddai pawb yn rhuthro amdano nes i'r hwsmon weiddi, 'Arhoswch am funud, lanciau, i mi gael tynnu'r cloth oddi arno!'

Sut flas oedd ar y pwdin reis hwnnw ar ôl i'r hwsmon 'dynnu'r cloth', Duw a ŵyr, ond mae'n siŵr mai clirio'r ddysgl a wnaeth y gweision bob tamaid.

Ond yn ôl at y capel. Y gweinidog ar y pryd oedd y Parch. John Alun Roberts. Y rheswm dwi'n ei gofio fo ydi am y byddai ganddo rywbeth doniol i'w ddweud ar ei bregeth bob amser. Byddai'n dweud stori ddoniol am hiwmor y chwarelwyr yn aml, am mai ym Methesda y cafodd ei fagu, ac roedd wedi gweithio yn Chwarel y Penrhyn cyn mynd i'r weinidogaeth.

Un arall sy'n dod i'r meddwl o'r dyddiau cynnar hynny ydi Llew Llwydiarth – a dweud y gwir, roedd gennym ni'r plant ei ofn o, gan y byddai'n rhyw chwyrnu arnom wrth fynd heibio i'r pulpud. Doedd y geiriau 'byr' a 'chryno' ddim yng ngeiriadur y Llew o gwbl, a byddem yn lwcus o weld diwedd yr oedfa erbyn 7.20 y.h. ar ôl pregeth o bron i awr. Yn y seddau ôl roedd yr hogia mawr yn eistedd a byddent wedi cael llond bol ar y Llew hirwyntog yn traethu, felly, rhyw nos Sul, a hithau'n tynnu am bum munud i saith, dyma'r cwbl – tua deg neu fwy ohonynt mae'n siŵr – yn dechrau chwythu eu trwynau dros y capel fel rhyw fath o arwydd i'r Llew dynnu tua'r terfyn. Ond nid felly y bu! Rhoddodd y gorau i bregethu a rhythodd ar y llanciau yn y sedd ôl nes cael distawrwydd, ac yna, cariodd yn ei flaen i bregethu am o leiaf ugain munud arall. Doedd rhyfedd bod William Charles Owen wedi dewis yr enw '*Llew* Llwydiarth' yn enw barddol – roedd un edrychiad ganddo yn ddigon i godi ofn ar yr hogia mawr.

Uchafbwynt y flwyddyn, heb os, oedd y trip Ysgol Sul. Cofiaf Mr Owen, Prysan – y pen-blaenor– yn sefyll yn y sêt fawr ac yn cyhoeddi, 'Wel, mae wedi dod yn amser y trip unwaith eto. Oes yna syniadau lle'r ydan ni am fynd eleni? Dowch, peidiwch â bod yn swil.'

Neb yn dweud dim a ninnau'r plant ar binnau yn gobeithio nad oedd cynnig arall heblaw'r Rhyl. Doedd unlle'n debyg i'r Rhyl i ni. Roeddem wedi clywed am gapeli eraill yn mynd i lefydd fel Betws-y-coed neu Bwllheli. Bobol bach! Pe bai rhywun wedi cynnig rhywle arall buasai'r byd ar ben.

'Wel,' meddai Mr Owen o'r diwedd, 'oes rhywun yn cynnig ein bod ni'n mynd i'r un lle â'r flwyddyn ddwytha?'

Ac felly y byddai hi bob blwyddyn, fedrai neb feddwl am fynd i 'nunlle ond y Rhyl.

Bws o Lannerch-y-medd yn mynd â ni, a'n hanner ni'n sâl

cyn cyrraedd yr A5. Wedi breuddwydio am y Marine Lake i gael gwario'r pres poced prin, byddai hwnnw wedi mynd i gyd erbyn amser cinio, neu'n gynt weithiau.

Dros y ffordd i'r capel roedd bwthyn neu ddau a neb yn byw ynddyn nhw. Perthyn i Mr Roberts y Siop oeddan nhw ac yn y fan honno y byddem yn cael te parti. Mae'n rhaid gen i mai te parti Nadolig y capel oedd o, ond does gen i ddim cof am Siôn Corn yno chwaith. Doedd pentref Trefor ddim ar ei radar mae'n rhaid. A bod yn deg, y blynyddoedd tlodaidd wedi'r rhyfel oedd y rhain wedi'r cwbl, a doedd fawr ddim i'w gael. Byddai Jean, fy chwaer, a minnau'n rhoi un o sanau mawr dad i fyny ar bostyn y gwely ar Noswyl Nadolig ac yn aml iawn, dim ond oren ac afal oedd ynddynt erbyn y bore.

Un 'Dolig, roedd fy chwaer wedi cael dwy neu dair cneuen yn ogystal â'r ffrwythau ond doedd 'na ddim un yn f'un i. Ond erbyn gweld, roedd twll yn fy hosan i ac roedd y cnau wedi disgyn allan. Bu'r ddau ohonom yn palfalu dan y gwely am y cnau colledig gan ein bod wedi deffro tua phump neu chwech a hithau'n dal yn dywyll. Doedd 'na ddim trydan inni gael golau, a fyddai Mam byth yn gadael cannwyll yn y llofft rhag ofn i ni roi'r lle ar dân.

Am ryw reswm neu'i gilydd daeth yr Ysgol Sul i ben yng Nghapel Trefor – wn i ddim pam, achos roedd tuag 20 neu fwy yn mynychu, ond efallai nad oedd athrawon ar gael. Beth bynnag, bu'n rhaid i ni'n dau fynd i Ysgol Sul Capel Engedi, heb fod ymhell o Fryngwran. Mae'n rhaid mai dyna pryd wnes i droi 'nghôt o Wesla i Fethodist. Roedd hyn o gwmpas 1950, ond byr fu ein harhosiad yno, ac ymhen rhyw flwyddyn roeddem yn symud o'r Bont i Chwaen Newydd yn ardal Llantrisant. Er bod yr eglwys gwta chwarter milltir o'n cartref newydd, i gapel Elim yn y pentref o'r un enw yr aethom o hynny 'mlaen. Roedd y capel, ar lan afon Alaw, yn un mwy o lawer na chapel Trefor, a llond y sêt fawr o flaenoriaid – wyth neu naw os cofiaf yn iawn: Owen Owens y Sgŵl; Owen Hughes ac Owen Roberts – y ddau yn byw yn Howell Terrace; Thomas Roberts, Ty'n Ffynnon; Owen Lewis Jericho; a Mrs Ellen Jones Brwynog, a oedd hefyd yn arwain y canu.

Mae gennym lun yma o flaenoriaid Elim ym 1907: deunaw o ddynion mawr, y rhan fwyaf efo locsyn at hanner eu gwasgod a'r gweinidog ifanc, y Parchedig Llewelyn Lloyd, wedi ei wasgu fel bachgen ysgol yng nghanol y rhes flaen. Na, does 'na ddim un merch ymhlith y rhain. Bu'n rhaid disgwyl am hanner canrif i hynny ddigwydd, ond erbyn heddiw, y merched sy'n cynnal yr achos mewn llawer capel.

Ein hathro Ysgol Sul oedd Thomas Roberts, Ty'n Ffynnon, hen lanc, a saer maen wrth ei waith bob dydd ond yn olau iawn yn ei Feibl. Ar yr un pryd, roedd o'n medru bod yn llawn hwyl wrth egluro ambell bennod neu adnod eithaf trwm. Rydw i'n meddwl mai yn nechrau 1956 yr oedd hi pan aeth nifer o bobl ifainc y capel i Gaergybi i wrando ar Tom Nefyn yn pregethu. Dyn gweddol fychan, llwyd ac eiddil iawn yr olwg oedd o, ond â'i lais yn treiddio i bob congl o'r capel anferth. Ychydig a gofiaf am y bregeth, ar wahân i'r ffaith mai dirwest oedd y testun am ei fod yn sôn am gasgenni cwrw yn rhowlio ar hyd strydoedd Llundain. Rhoddai ei holl egni i'w bregeth, a synnwn i fawr nad oedd wedi blino'n llwyr ar ôl bod wrthi am bron i awr.

Yno, yng Nghapel Elim y cefais fy nerbyn yn gyflawn aelod gan y gweinidog, y Parchedig O. W. Owen, yn wreiddiol o Gricieth ac yn ewythr i'r llawfeddyg enwog Mr Owen Owen, Bethesda. Daeth fy nhymor yng Nghapel Elim i ben yn Hydref 1956 pan fu'n rhaid i mi wneud fy ngwasanaeth milwrol.

Ar ôl priodi a symud i fyw i Langefni y gwnes i ymaelodi yng Nghapel Moreia. Os oedd Capel Trefor yn fychan a Chapel Elim dipyn mwy, roedd Capel Moreia yn anferth, efo lle i tua 600 eistedd, galeri, a choblyn o organ fawr. Doedd ryfedd i'r hanesydd Eryl Wyn Rowlands ei alw'n 'Firain Foreia', yn ei lyfryn a gyhoeddwyd i ddathlu canmlwyddiant y capel ym 1998.

'Nid ydynt hardd eich hen addoldai llwm,' meddai T. Rowland Hughes yn ei gerdd sy'n dwyn y teitl 'Blychau'. Wel, doedd o ddim wedi bod ym Moreia mae'n rhaid! Mae hanes codi'r lle yn ofnadwy o ddiddorol, a dwi am adrodd peth ohono yn fan'ma, os ca'i gynnoch chi.

Dechreuwyd ar y gwaith adeiladu ym 1895 pan oedd Capel Dinas wedi mynd yn rhy fychan. Doedd hwnnw ddim mewn lle mor hwylus chwaith, yn sefyll ar gyrion y dref bryd hynny, ar y ffordd am Benmynydd. Ond y prif reswm dros symud oedd fod y les ar y tir o dan y capel yn dod i ben ym 1902, a'r perchnogion, teulu Lloyd Plas Tregaian, wedi gwrthod yn lân â'i adnewyddu. Serch hynny, mae'r hen gapel hwnnw'n dal i sefyll, ond garej trin a gwerthu ceir ydi o ers blynyddoedd lawer. Oherwydd iddyn nhw gael eu siomi gyda busnes y les, penderfynodd y ffyddloniaid brynu llain o dir yn Lôn Glanhwfa – ryw ganllath neu ddau o ganol y dref – ar gyfer codi capel newydd.

Costiodd y safle £208, ac roedd yr aelodau'n bendant na ddylai'r capel newydd gostio mwy na £3,500 – tipyn o waith casglu fesul chwe cheiniog a swllt! Roedd y gweinidog, y Parchedig James Donne, wedi cael addewid am arian gan rai o gyn-aelodau'r capel a oedd wedi llwyddo mewn busnes: £500 gan Robert Davies a'r un faint gan ei frawd, Richard, y ddau yn wŷr busnes llwyddiannus dros ben, yn berchnogion llongau ac yn mewnforio coed i Borthaethwy. Roedd gŵr o'r enw Hugh Rowlands hefyd, a oedd wedi mynd i Fanceinion yn llanc ifanc ac wedi gwneud ei ffortiwn. Ond pan aeth James Donne yno i holi am yr arian a addawyd, roedd Hugh Rowlands wedi marw ers ychydig fisoedd, a daeth yn ôl yn waglaw.

Penderfynodd y pwyllgor adeiladu ofyn i Richard Thomas o Borthaethwy i lunio'r cynlluniau. Fo oedd pensaer stad Baron Hill, Biwmares, a fo oedd yn gyfrifol am gynllun Neuadd y Dref, Llangefni. Gwahoddwyd tendrau, ond roedd y pris isaf dros £5,000, ac felly'n rhy gostus ym marn y pwyllgor. Cafodd Richard Thomas y sac, a dim ond £5 a gafodd o am ei holl waith.

Y nesaf i gynnig cynlluniau oedd O. M. Roberts, eto o Borthaethwy. Prisiwyd ei gynlluniau, a oedd wedi eu symleiddio ychydig o'r rhai gwreiddiol, a dyma arwyddo cytundeb efo R. & J. Williams, Bangor a oedd yn fodlon gwneud y gwaith am £3,475.

Ar ôl tair blynedd o drafod a gwaith caled, roedd hi'n bryd dechrau gwireddu'r freuddwyd. Ym 1896 y gosodwyd y garreg sylfaen, neu'r cerrig sylfaen i fod yn fanwl gywir, achos mae chwech ohonyn nhw yno i gyd – doedd un garreg ddim yn gweddu i'r 'Firain Foreia'. Yn ôl y sôn, gosodwyd copïau o'r cynlluniau a dogfennau eraill oddi tanynt.

Erbyn hyn roedd £1,990 yn y coffrau – cur pen arall, oherwydd roeddan nhw'n dal i fod tua £1,500 yn brin. Araf iawn oedd yr arian yn dod i mewn, ond yna, dyma James Donne yn cael yr hyn maen nhw'n ei alw'n 'brênwêf'.

'Beth am alw'r capel newydd yn Gapel Coffa John Elias?' medda' fo wrth aelodau Capel Dinas. Dyna be' oedd syniad campus, a buan iawn y dechreuodd yr arian lifo i mewn. Na, nid rhyw ffenomenâu newydd ydi pethau fel *'branding'* a '*naming rights*' y clywn gymaint o sôn amdanynt y dyddiau hyn.

Roedd 'brand' John Elias fel aur ar y pryd.

Daeth John Elias i Langefni o Lanfechell ym 1835, ac ymgartrefu yn y Fron ar ôl priodi Ann Bulkeley. Ond ganwyd o mewn tyddyn o'r enw Crymllwyn Bach ym mhlwyf Abererch, nid nepell o Bwllheli, ym 1774. Roedd yn fab i Elias a Jane Jones, ac felly, John Jones oedd o nes cyrraedd ei 20 oed.

Mynychu cyfarfod misol yng Nghapel Brynrodyn, ger Caernarfon, yr oedd o pan ofynnodd y Parch John Jones iddo, 'Be' 'di dy enw di 'ngwas i?'

'John Jones,' meddai yntau.

'Be' 'di enw dy dad?' holodd John Jones drachefn.

'Elias Jones,' meddai'r gŵr ifanc.

'Wel, yn enw popeth, galwch y bachgen yn John Elias neu mi fyddwn i gyd yn John Jonesiaid yma cyn bo hir!'

Ac felly y bu hyd ei farwolaeth ym 1841. Yn ôl ei ddymuniad fe'i claddwyd yn Llan-faes, tua 14 milltir o Langefni, ac yn ôl y sôn, roedd dros 10,000 wedi dod i dalu'r gymwynas olaf iddo ac roedd yr orymdaith yn filltir a hanner o hyd. Angladd mawr yng ngwir ystyr y gair.

Ar ôl enwi'r capel newydd yn 'Moreia', fe'i hagorwyd ym Mehefin 1898, pan bregethodd John Williams, Lerpwl (Brynsiencyn wedyn), Thomas Charles Williams, Porthaethwy, a David Lloyd Jones, Llandinam, gyda'r capel a'r ysgoldy'n orlawn a gynnau mawr y cyfundeb yn eu plith. Erbyn iddo gael ei gwblhau, fe gostiodd y capel £5,500, ond fel dwi'n dweud, roedd enw John Elias yn 'frand' grymus dros ben hyd yn oed hanner canrif a mwy ar ôl iddo farw.

Pan ddaethom ni i fyw i Langefni ym 1964, gweinidog Moreia oedd Isaac Parry Griffith, brodor o Sarn Mellteyrn,

Llŷn, a'i briod oedd Hannah, chwaer W. J. Griffith, awdur *Storïau'r Henllys Fawr*.

Sefydlwyd Mr Parry Griffith yn weinidog ym 1958, ac ym Moreia y bu hyd ei ymddeoliad ym 1967. Gyda llaw, fo briododd Elen Roger Jones pan oedd o'n weinidog yn Llanallgo. Ar ôl marwolaeth Mr Griffith bu ei weddw yn hael iawn gyda'i rhoddion i'r capel, yn llestri a charpedi i rai o'r ystafelloedd.

Sefydlwyd y Parch J. M. Job yn weinidog ym 1968. Brodor o Bont-iets yng Nghwm Gwendraeth oedd o, a daeth i Langefni o Ruthun. Bu yntau ym Moreia hyd ei ymadawiad i Abertawe ym 1986.

Rhaid i mi gyfaddef, roeddwn wedi esgeuluso llawer ar fynd i'r capel yn y cyfnod hwn gan fy mod i'n gweithio oriau meithion efo cwmni Pochin, y contractwyr. Hwn, hefyd, oedd y cyfnod pan oedd y plant yn tyfu i fyny, ac angen eu dau riant.

Ym 1969 roeddwn wedi mynd yn hunangyflogedig ac os rhywbeth yn gweithio mwy o oriau yn plastro tai cyngor ac yn y blaen. Er hynny, roedd Audrey a'r plant yn ffyddlon iawn yn yr Ysgol Sul, a Meirion ac Eirian yn ffrindiau mawr gyda phlant Mr a Mrs Job, Aled ac Angharad. Er, doedd Meirion ac Aled ddim yn cytuno bob amser! Byddai gwrthdaro ffyrnig rhwng y ddau ambell waith, oherwydd pêl-droed ran amlaf. Ond fel y rhan fwyaf o blant, roeddan nhw'n ffrindiau eto ymhen hanner awr. Chwith oedd gweld Mr Job a'r teulu'n gadael ym 1986, gan eu bod yn byw dros y ffordd i'r Siop Bach ym Mhenrallt, Llangefni, lle'r oeddem ni'n byw ar y pryd.

Ar ôl ymadawiad Mr Job, galwyd pwyllgor bugeiliol unwaith yn rhagor, a'r canlyniad fu rhoi galwad i'r Parchedig John Davies Hughes, a oedd yn weinidog yn Ysbyty Ifan ar y pryd, a buan iawn y bu i Mrs Hughes ac yntau setlo yn

Llangefni. Rhaid i mi ddweud bod fy nyled yn fawr i Mr Hughes – neu J.D. fel y gelwir o ran amlaf – gan iddo roi cic reit ffyrnig i mi. Na, nid cic fel'na, er mae'n siŵr y buasai wedi gallu rhoi un felly i mi hefyd, gan ei fod wedi bod yn bêl-droediwr reit ddisglair yn ardal y Bala yn nyddiau ei ieuenctid, yn ôl y sôn. Na, fy ysgogi'n dawel bach i geisio mynychu'r capel yn amlach a wnaeth o. O ganlyniad, dechreuais fynd yn selog a chymryd rhan rŵan ac yn y man, a mwynhau hefyd. Ac yna, er mawr syndod i mi, cefais fy newis yn flaenor yn 2002.

Roeddwn yn un o ddau i dderbyn yr anrhydedd ar y pryd. Y llall oedd Mrs Enid Jones, Minafon. Newydd-ddyfodiad oeddwn i, ond roedd Enid wedi bod yn mynychu Moreia er pan oedd yn blentyn. Roedd ei diweddar ŵr, Llywelyn Jones, wedi bod yn flaenor ac wedi llenwi ambell swydd arall yn y gorffennol, a bu Enid yn gofalu am y 'llyfr bach', sef sicrhau bod pregethwr yno bob Sul am dros ugain mlynedd. Mae'r llyfr bach bellach yng ngofal Margaret Hughes, ein blaenor diweddaraf.

Wedi ymddeoliad J. D. Hughes ym 1997, daeth y Parch. Christopher Prew atom yn weinidog, a chefais ddeng mlynedd hapus iawn yn ei gwmni yntau cyn iddo ymadael am Borthmadog yn 2010. Bachgen o Ddinbych oedd o yn dechrau ar ei yrfa, a Moreia oedd ei eglwys gyntaf, a bu colled fawr ar ei ôl.

Toc ar ôl i mi gael fy nyrchafu'n flaenor, derbyniais swydd y Trysorydd hefyd, a byddai'r Ysgrifennydd Ariannol, Gwilym Williams a minnau'n cyfarfod i gyfri'r arian a oedd wedi dod i mewn gan yr aelodau yn ystod y mis.

Cyfarfod yng nghartref Gwilym roeddem ni ar nos Lun gynta'r mis canlynol, a chan ein bod yn derbyn tua £40,000 y flwyddyn, roedd yn waith tua dwy awr neu fwy bob tro, yn didoli casgliad y Sul ac agor yr amlenni. Roedd dau fath o'r rheiny – y rhai nad oedd yn talu'r Dreth Incwm, a'r rhai oedd yn ei thalu. Roedd y rheiny wedi gwneud Cyfamod Rhodd Gymorth, ac roedd hynny'n dod â £3,000 i £4,000 yn ôl i'r Eglwys bob blwyddyn. Ar hanner y cyfri, byddai Betty, gwraig Gwilym, yn dod â llond mwg o goffi i ni, ac roedd yn dra derbyniol mae'n rhaid dweud.

Bûm yn mynd i dŷ Gwilym am 15 mlynedd a phob tro, yn ystod yr egwyl goffi, un pwnc a oedd yn cael ein sylw fel arfer – pêl-droed – ac yn fwy penodol, hynt a helynt timau Caerdydd ac Aston Villa. Gan fod Siôn, mab Gwilym, yn byw yng Nghaerdydd, roedd Gwilym yn mynychu'r gêmau yno'n aml. Ond prin fu fy ymweliadau innau â Villa Park. Dim ond tri o gefnogwyr Aston Villa a wyddwn i amdanynt yn Sir Fôn erioed – y Parchedig John Roberts, Llanfwrog, Dug Caergaint (ia, y Tywysog William a fu'n hyfforddi efo'r Llu Awyr yn y Fali), a minnau. Trist ydi dweud mai dim ond fi sydd ar ôl ar yr Ynys, hyd y gwn i, ond efallai fod 'na ryw ddau neu dri arall yma yn rhywle, sydd heb ddangos eu lliwiau.

Gan fod Gwilym wedi rhoi ei gartref ar werth, mae o bellach wedi rhoi'r gorau i'w swydd efo'r capel, ac erbyn hyn, Delwyn Pritchard sydd wrthi, a dwi'n edrych ymlaen at gydweithio gydag yntau, gan obeithio y bydd Eira, ei wraig, yn parhau â'r traddodiad coffi.

Wrth sgwennu hyn o eiriau mae yna newidiadau mawr ar y gweill yng Nghapel Moreia. Yn gyntaf, mae aelodau Penuel, capel y Bedyddwyr yn Llangefni, wedi ymuno i addoli efo ni, ac yn ail, mae newidiadau mawr i'r adeilad ei hun – y rhai mwyaf ers ei adeiladu dros ganrif yn ôl. Yn gyntaf, mae 'na gynlluniau i droi'r tŷ capel a'r lle rhwng y capel a'r festri yn swyddfeydd. Ar ran Moreia, mae Gwilym Hughes a minnau – neu Gwilym Saer fel mae pawb yn ei adnabod – wedi bod yn pwyllgora ers tua thair blynedd i geisio cael grantiau i wneud y gwaith. Hefyd ar y pwyllgor, mae dau neu dri yn cynrychioli Cyngor Tref Llangefni a dau ar ran capel Penuel, sef Geraint Williams ac Ieuan Wyn Jones, y cyn-Aelod Seneddol ac Aelod Cynulliad sydd wedi cadeirio'r holl bwyllgorau a'n harwain ni drwy'r broses gymhleth. Diolch i'w wybodaeth eang ynglŷn â sut i fynd o'i chwmpas hi, sicrhawyd yr holl arian yr oedd ei angen i wneud y gwaith. Mae'r aelodaeth wedi gostwng o dan 100 mewn nifer am y tro cyntaf erioed, ond bydd y rhenti a dderbyniwn ar ôl gosod y swyddfeydd yn talu am gynnal a chadw'r capel ei hun, ac oherwydd hynny, rydym yn edrych ymlaen at y dyfodol yn weddol hyderus.

Un o ddyletswyddau blaenor ydi bod yn Llywydd y Mis yn ei dro, hynny ydi, rhoi croeso i bregethwr gwadd, cyhoeddi pwy fydd yn pregethu'r Sul canlynol, darllen y cyhoeddiadau a galw'r casglyddion i fynd o gwmpas. Rŵan, roeddwn wedi actio ers blynyddoedd yn y Theatr Fach a heb falio rhyw lawer am fynd o flaen cynulleidfa, achos efo'r holl lifoleuadau, doeddwn i'n gweld fawr ddim ond tywyllwch p'run bynnag! Ond – ac mae 'na ond mewn pob beirniadaeth meddan nhw – peth hollol wahanol oedd codi ar fy nhraed a wynebu'r gynulleidfa yn y capel. Roedd o'n rhywbeth newydd i mi, achos doeddwn i erioed yn un da am feddwl 'ar fy nhraed'. Rydw i'n flaenor rŵan ers 15 mlynedd, ac erbyn hyn rydw i wedi hen arfer bod yn Llywydd y Mis, er bod ambell bwyllgor yn peri dipyn o boen i mi am nad yw fy nghlyw mor dda â hynny, a byddaf yn colli llawer o'r hyn sy'n cael ei drafod. Dyna pam yr ydw i wedi gwrthod y cynigion i fod yn Llywydd Henaduriaeth Môn. Ond rydw i wedi derbyn ambell alwad i gymryd gwasanaethau mewn capeli eraill erbyn hyn hefyd. Rydw i wedi mwynhau'r profiad a'r fraint o fod yn flaenor, a heblaw i'r Parch J. D. Hughes fy annog i ailddechrau mynychu'r capel, buasai fy mywyd yn llawer iawn tlotach. Diolch yn fawr J. D.

Golygfa 12

Un fu yn rhoi drwy'i fywyd – a llywio
Canllawiau dedwyddyd;
Greddf fu'n ei arwain o'i grud,
O lafur duwiol hefyd.

Demob ond be' nesa?

Ym mis Hydref 1959 daeth fy nhair blynedd yn y fyddin i ben,
a chefais y *demob* bondigrybwyll. Un peth oedd dod adref am
wyliau, peth hollol wahanol oedd dod adref heb orfod mynd
yn ôl. Colli ffrindiau oedd wedi bod yn agos iawn am gyfnod
go hir, a meddwl tybed, beth oedd eu hanes nhw ar ôl gadael:
'Sgwn i be' mae hwn a hwn yn ei wneud o ran gwaith . . .?'
Neu, 'tybed, aeth hwnna'n ôl i'r fyddin am gyfnod arall?'

Roedd rhai wedi cael cariadon yn ochrau Llundain, ac
roeddwn i'n meddwl tybed, oeddan nhw wedi symud yno i fyw,
yn nes at y cariad, 'ta oeddan nhw wedi anghofio'r cwbl
amdanynt ar ôl dod oddi yno a chael gafael ar ferch yn nes
gartref?

Wyddwn i ddim ar y ddaear beth i'w wneud o ran gwaith
a bûm gartref yn cicio fy sodlau am ryw ddau fis cyn cael
cynnig gwaith gan Mr Davidson yn Gate Farm, Bodedern.
Ond roeddwn i wedi troi fy nghefn ar ffermio unwaith yn

138

barod, a doedd fy nghalon i ddim yn y math hwnnw o waith eto. Bûm yno am chwe mis hir, a minnau'n chwilio'n ddyfal bob dydd am rywbeth arall i'w wneud. Ond yn y diwedd, fe ddaeth achubiaeth. Cefais gynnig gwaith efo adeiladwr lleol, Owen Glyn Parry. Gofynnodd a oedd gen i ddiddordeb mewn dysgu rhyw fath o grefft. Wel, er bod teulu ochr fy nhad yn ffermwyr i gyd, crefftwyr oedd bron bob un ar ochr Mam – ei dau frawd, Tom a Peter, un yn gosod brics a'r llall yn saer coed, a Harri, gŵr ei chwaer, yn blymar, felly, oedd, roedd gen i ddiddordeb.

Roedd Bob Hughes, neu Bob Cae Cwta Bach, i bawb a oedd yn ei 'nabod, yn blastrwr profiadol efo'r cwmni. Bu'n gweithio yn Awstralia am rai blynyddoedd ac roedd ganddo straeon difyr am y wlad enfawr honno. Gweithiai dau blastrwr arall yno hefyd, sef Harri Owen Rhyd-y-coed, Llantrisant, ac Eddie Bach o Lanfechell. Dwi'n cofio ni'n gweithio yn Amlwch un tro, mewn tŷ heb fod ymhell o Ysgol Syr Thomas Jones, ac roedd gan y wraig drws nesaf nifer o ieir dandi yn yr ardd. Byddai Harri Owen yn cael ambell sgwrs efo hi dros y wal pan fyddai hi'n bwydo'r ieir. Un diwrnod, am ryw reswm, doedd Eddie ddim yn ei waith, ond mi ddaeth yn ôl y diwrnod canlynol, a dyma Harri'n dweud wrtho fod y wraig drws nesaf isio cael 'madael â'r ieir i gyd. Roedd Eddie wedi ffansïo'r Bantams ers tro, ac roedd o wrth ei fodd.

'Mi ddo'i â sach efo fi fory,' meddai Eddie. 'Jest y peth roeddwn i'i isio. Mi gawn ni ddigon o wyau bob dydd.'

Drannoeth, dyma Eddie yn neidio dros y wal a dechrau dal yr ieir a'u rhoi nhw yn ei sach. Yn sydyn, dyma'r drws cefn yn agor a dyma'r wraig allan a golwg flin arni.

'Bobol mawr, be' 'dach chi'n neud, ddyn? Rhowch nhw'n ôl y munud 'ma, neu mi fydda i'n galw'r plisman!'

Na, doedd y wraig ddim wedi dweud dim byd o'r fath. Harri oedd wedi gweld ei gyfle i dynnu coes Eddie – rhywbeth sy'n gyffredin iawn ar safleoedd adeiladu, fel y cewch glywed yn y man.

Un arall oedd yn gweithio efo'r cwmni oedd cymeriad ffraeth o'r enw Albert Pritchard o Dalwrn. Doedd fiw galw Albert yn frici. O, na! Roedd o'n mynnu fod pawb yn defnyddio teitl crandiach o lawer na hynna, sef 'Priddfaenwr'. Mi fu'n gweithio ar adeilad atomfa Trawsfynydd yn y 1960au cynnar, ac roedd o'n cerdded y ddwy filltir o Dalwrn i Langefni i ddal y bws a oedd yn mynd â gweithwyr yno bob dydd. Dechreuai weithio am wyth bob bore ac roedd y bws yn gorfod gadael tua chwech o'r gloch y bore, felly Duw a ŵyr pryd yr oedd Albert yn codi – toc wedi pump mae'n debyg. Ac os oedd o'n gweithio tan chwech yr hwyr yn yr Atomfa, fydda' fo ddim yn ôl yn y Talwrn tan beth bynnag wedi wyth. Gwaith a gwely oedd hi, does dim dwywaith.

Mi oedd y cwmni wedi cael dwy joban go fawr yn Rhosgadfan a Llanfairfechan ac roedd y bos wedi gwneud cwt bach sinc ar gefn lorri'r gwaith, efo meinciau pren bob ochr er mwyn cario pawb efo'i gilydd i'r safle. I dorri'r siwrnai byddai Albert yn actio fel cwis-feistr ac yn holi pob math o gwestiynau i ni – gwybodaeth gyffredinol fel arfer – a doedd dim gwahaniaeth os oedd yr ateb yn anghywir, byddech yn cael marc gan Albert 'run fath, a byddai ochrau'r cwt sinc yn farciau pensal i gyd cyn diwedd y gwaith yn y ddau le.

Yn niwedd 1963 roedd gwaith wedi mynd yn brin gan Mr Parry a bu'n rhaid chwilio am joban arall, a bûm yn lwcus i gael bachiad efo cwmni o Gaer a oedd yn codi tai ym Moelfre.

Soniais eisoes am gyfarfod Audrey pan oedd y ddau ohonom yn cydactio yng nghwmni Llannerch-y-medd. Ym 1959 y daeth hi i Fôn o Ddyffryn Clwyd, ac roedd hi'n byw yn

Llanddeusant, lle nad oedd yn ddiarth iddi gan ei bod wedi arfer dod yno'n gyson drwy gydol ei phlentyndod ar ei gwyliau efo teulu ei mam.

Mae'n bryd i chi gael tipyn o gefndir Audrey rŵan dwi'n meddwl.

Ganwyd Audrey yn Derwen Fawr, fferm deuluol ar lethrau Mynydd Hiraethog ger Bontuchel, rhyw dair milltir i'r de o Ruthun. Hi oedd unig blentyn William James a Gracie Edwards, ei mam yn hanu o Landdeusant. Cafodd ei nain, Mary Jane Edwards – Saesnes uniaith a oedd yn byw gyda nhw – ddylanwad mawr arni. Mae'n hawdd deall hynny oherwydd bod ganddi fwy o amser i'r wyres fach na'i mam, a oedd yn brysur efo gwaith y fferm – yn godro a bwydo'r moch, yr ieir, yr hwyaid, a'r gwyddau.

Un o ardal Manceinion oedd ei nain, a Brockelhurst oedd enw'r teulu. Symudodd hen, hen-daid Audrey a gweddill y teulu i fferm Penrhiw-fawr. Cadw'r Star Inn yn Rhuthun oedd William Brockelhurst pan briododd ei ferch Mary Jane efo Evan Edwards,Tŷ-brith, Bontuchel.

Cafodd Audrey ei magu mewn ardal hollol wahanol i Fôn. Yn un peth, roedd y gaeafau'n galetach a'r ardal yn aml dan eira trwchus, a'r plant i gyd efo sled, pawb yn cael hwyl a'r ysgol wedi cau. Oherwydd dylanwad ei nain, Saesnes fach oedd Audrey i bob pwrpas pan ddechreuodd yn Ysgol y Gyffylliog yn bump oed.

Plentyn a gychwynnodd yr un amser â hi oedd Ann Donovan a oedd yn byw yn Fachlwyd Hall ac a oedd o dras Wyddelig, ac wrth gwrs, roedd hithau hefyd yn siarad Saesneg gan mwyaf. Roedd y ddwy yn ffrindiau o'r diwrnod cyntaf ac maent wedi cadw cysylltiad agos â'i gilydd hyd heddiw.

Mynychai Audrey Gapel Bontuchel lle bu'r teulu'n addoli

ers blynyddoedd. Yno, drwy Eisteddfod y Capel, y daeth y cyfle i ganu ac adrodd, a chafodd eithaf hwyl arni. Yn y cyfnod hwn, bu David Edwards Cefniwrch-fawr(dim perthynas), yn ei hyfforddi i ganu, a Mary Valder Jones, gwraig athro'r ysgol, yn dysgu iddi adrodd, ac roedd digon o eisteddfodau bach i gystadlu ynddynt heb fod isio crwydro'n rhy bell.

Roedd 'na aelwyd Urdd Gobaith Cymru lewyrchus yn Ysgol y Gyffylliog, lle'r oedd Llywelyn Williams yn brifathro, a byddai digon o gystadlu yn lleol a thu hwnt. Yn ffodus i'r plant, roedd Mrs Bryn Williams, gwraig gweinidog Capel Salem, yn eu hyfforddi efo'r canu, a hithau'n feirniad canu adnabyddus yn y cyfnod, ac yn fam i'r delynores Bethan Bryn.

Cyfeillion bore oes i Audrey yr ydw i wedi dod i'w hadnabod yn dda ydi Eirian Tŷ-brith, ei chyfnither, a'i gŵr, Berwyn Evans o Faenol Bropor, Bodelwyddan; Dyfyr Tŷnewydd , sy'n briod ag Elwyn Tudor, Triain, Henllan; a hefyd Llinos Penlanisaf, a briododd Gwilym Brynderw, Dyffryn Conwy. Bu farw Llinos a hithau'n ddim ond prin hanner cant oed. Hefyd, fel y soniais eisoes, Ann Donovan, sy'n briod ag Elwyn Jones ac yn byw yn Rhuthun. Ac mae'n rhaid sôn am Emrys Tŷ-brith , brawd Eirian, ei chefnder sy'n briod, a Gweneiris ac yn byw erbyn hyn yn Llanrhaeadr. Treuliodd Audrey lawer o'i phlentyndod yn Tŷ-brith , nad oedd yn bell o Derwen-fawr, yn chwarae efo Emrys ac Eirian. Maent wedi bod fel brawd a chwaer iddi.

Cam mawr i Audrey, fel sawl un arall yn y cyfnod hwnnw, oedd symud o ysgol fach yn y wlad i Ysgol Brynhyfryd ar gwr Rhuthun. Roedd Brynhyfryd yn ysgol newydd sbon ar y pryd gydag adnoddau modern gwych. Un o'i hoff bynciau yn yr ysgol oedd coginio a gwaith llaw, ac mae'r diddordebau hynny'n parhau hyd heddiw ond ar raddfa fwy erbyn hyn, gan ei bod yn cynhyrchu pob math o bethau ar gyfer eu gwerthu ar stondinau Sefydliad y Merched. Mae'r mudiad hwnnw'n agos iawn at galon Audrey, fel y cewch glywed.

Ei hathrawes goginio oedd Miss Mary Lloyd Williams, a ddaeth yn Mary Lloyd Edwards pan briododd ag R. R. Edwards, athro Ysgrythur – pwnc arall a oedd at ddant Audrey. Daeth Aled Lloyd Davies i'r ysgol yn athro Daearyddiaeth, a daeth yn adnabyddus trwy Gymru maes o law am ei ddoniau Cerdd Dant, a bu cyfle i Audrey a'i chyfoedion ddysgu'r grefft dan ei adain, gan gystadlu ac ennill yn yr Eisteddfod Genedlaethol.

Erbyn iddi ddod i Fôn i fyw, yr oedd Audrey, fel finnau ar y pryd, yn ymddiddori yng ngweithgareddau'r Clybiau Ieuenctid. Mae un bennod o'r cyfnod hwnnw wedi aros yn y cof am y rhesymau anghywir. Roedd yna'r ffasiwn beth ag Eisteddfod Clybiau Ieuenctid bryd hynny, coeliwch neu beidio, ac yng Nghapel Hebron, Bryngwran y cynhaliwyd yr achlysur dan sylw. Am fod gan Audrey brofiad o ganu Cerdd Dant, roedd gan Glwb Llanddeusant ddau barti, merched a bechgyn. Mae'n rhaid dweud fod y merched wedi gwneud yn ardderchog, ond stori bur wahanol oedd hi efo ni'r bechgyn. Er i Audrey gyfeilio i ni, a rhoi arwydd i mi pan oedd hi'n amser dod i mewn efo'r alaw, dipyn y flêr oedd hi a dweud y lleiaf. Roedd Cerdd Dant mor ddiarth i ni'r bechgyn â phwdin reis i fochyn. Roedd Edgar, un o'r parti, yn brolio ei fod o wedi canu Cerdd Dant o'r blaen. Ond 'sgersli bilîf', chwedl 'rhen Ifas y Tryc.

'Pan fydd isio inni ddod i mewn,' meddai'r maestro Edgar, 'mi ro i ryw dro bach ar fy mawd,' a dyma fo'n dangos y signal inni ryw ddwywaith neu dair er mwyn i ni gael y neges yn hollol glir.

Wrth gyrraedd Bryngwran, roedd hi'n edrych fel pe bai holl ieuenctid y sir yno – roedd y capel yn orlawn, ac ar ôl hir ymaros, a'r nerfau'n crynu rhyw fymryn, daeth ein tro i gamu i'r llwyfan i 'berfformio', os mai dyna'r gair. Roedd chwech ohonom yn y parti, a dyma Edgar yn cymryd ei le tua'r canol tra roedd Audrey yn mynd at y piano. Pan welodd Edgar y tyrfaoedd, aeth ei nerfau'n rhacs nes bod ei ddau fawd – nid jest yr un tyngedfennol – yn mynd yn ddi-stop fel bodiau dyn Tic-Tac ar ddiwrnod Grand National.

Sylw'r beirniad oedd, 'Criw o fechgyn â golwg wedi syfrdanu arnynt,' a bu'n od o hael yn rhoi dau farc allan o ddeg inni. Fûm i na'r un o'r lleill yn ymhél â Cherdd Dant byth wedyn.

Roedd Audrey a minnau wedi bod yn ffrindiau am ryw dair blynedd cyn inni ddechrau canlyn, ond erbyn i ni ddyweddïo ym mis Medi 1962, roedd yn rhaid dechrau meddwl am gael cartref i fyw ynddo ar ôl priodi. Gan fod y ddau ohonom wedi ein magu yng nghanol y wlad, roedd gennym awydd byw yn agos at y dref, ac er hwylustod, penderfynwyd ar Langefni, tref a oedd, ar y pryd, â digon o siopau a marchnad brysur – tref a oedd yn datblygu, yn wahanol iawn i fel y mae pethau heddiw, gwaetha'r modd. Ond wedi dweud hynny, rydym wedi treulio hanner can mlynedd yma heb feddwl erioed am symud i unman arall.

Do, fe gawsom le i fyw – bwthyn o'r enw Tyddyn Sowldiwr ar Ffordd Benllech – enw addas i gyn-filwr! Roedd 'na dipyn o waith trin arno, roedd angen cegin ac ystafell molchi, ac aeth blwyddyn a hanner heibio cyn i'r lle fod yn barod inni fyw ynddo.

Priododd Audrey a minnau ar ddydd Sadwrn, 29 Chwefror 1964 – dewis da, dwi ond yn gorfod gofalu am anrheg a chardyn i ddathlu bob pedair blynedd! Ein gwas priodas oedd Gwilym Bennett, a fu'n actio cariad Audrey yn y ddrama gyntaf inni actio efo'n gilydd, sef 'Jonny Myfanwy'. Fi oedd y meddyg ac Audrey oedd yn ferch i mi. Yng Nghapel Ty'n-y-Maen, Llanddeusant, lle'r oedd Audrey'n aelod y priodwyd ni, a hwnnw'n ddiwrnod heulog, braf. Cynhaliwyd y wledd briodas yn y Valley Hotel, yna, i ffwrdd â ni ar y trên i Lundain ar ein mis mêl.

Ychydig fisoedd oedd ein tymor yn Nhyddyn Sowldiwr am i ni benderfynu prynu siop yr oeddem ni wedi'i gweld ar werth ym Mhenrallt, Llangefni wrth ymyl yr Ysgol Gyfun. Penderfynwyd mynd amdani, a phrofodd yn benderfyniad da. Roedd hi'n siop fach brysur iawn, ac roedd gennym gymdogion ardderchog o'n cwmpas. Yno, ym 1965, y ganwyd ein mab, Meirion, neu John Meirion i fod yn fanwl gywir – y 'John' ar ôl fy nhad.

Yr oedd cael babi yn y tŷ yn beth diarth iawn, yn enwedig ag Audrey'n gofalu am y siop. Ond yr oedd pawb wedi ein sicrhau fod babi yn eithaf llonydd am y misoedd cyntaf. Hmm! Nid felly John Meirion! Roedd o'n fabi annwyl dros ben, efo gwên i bawb bob amser, ond llonydd? Nagoedd, wir! O'r diwrnod cyntaf roedd o'n effro ac yn brysur ar hyd y dydd, yn taflu popeth allan o'r pram, ac roedd y gallu ganddo i gicio'r dillad gwely ar y llawr cyn iddo allu eistedd i fyny. Mi lwyddodd ei fam yn rhyfeddol o dda a hithau mor brysur, nes iddo ddechrau cerdded, ac wedyn, bu'n rhaid cael help yn y siop. Daeth merch ifanc o'r enw Gwen i weithio inni, merch i gyfnither i mi. Pymtheg oed oedd hi ar y pryd, ond roedd hi'n gallu edrych ar ôl y siop yn tsiampion a gwneud gwaith tŷ, yn wir, roedd hi'n medru troi ei llaw yn ôl yr angen, chwarae teg, a da ydi gallu dweud ein bod yn ffrindiau pennaf hyd heddiw efo hi a'i gŵr, Iorwerth.

Er i Audrey a Gwen fod ar flaenau'u traed, megis, yr oedd Meirion gam o'u blaenau nhw. Mae'n rhaid ei fod o'n teimlo fel ehangu ei orwelion, oherwydd rhywsut neu'i gilydd, roedd y cena bach yn medru mynd o'n gardd gefn ni i'r ardd drws nesaf! Buom am amser cyn deall sut yr oedd o'n gallu cyflawni'r weithred hon, ond wrth wylio'n ofalus, sylweddolwyd ei fod yn gwthio'i ffordd drwy wrych prifet tua dwy droedfedd o led, er mwyn cyrraedd y 'porfeydd brasach' drws nesaf. Roeddem ni'n gorfod galw wedyn ar Mrs Davies, ein cymydog, i'w nôl o a mynd â fo yn ôl adref dan g'nadu.

Un diwrnod, ac yntau tua dyflwydd oed, daeth Enid Redvers Jones, a oedd yn athrawes yn yr Ysgol Gyfun, â Meirion i mewn i'r siop, pwced felen blastig yn un llaw, a radio *transistor* yn y llall. Wedi mynd â nhw o'r tŷ yr oedd o, ac roedd hi wedi dod ar ei draws ar ei ffordd i lawr i Langefni, iff iw plîs. Er i mi feddwl fy mod wedi gwneud yr ardd yn lle saff, roedd Meirion yn ffeindio ffordd o ddianc doed a ddelo.

Doeddwn innau ddim heb fy meiau chwaith. Aeth Audrey allan un gyda'r nos a'm gadael innau'n edrych ar ôl Meirion. Roeddwn i wedi gwneud yn ardderchog yn fy meddwl i, ond pan ddaeth Audrey yn ei hôl, a phob sosban a chaead yma ac acw ar lawr y gegin, a hanner pwys o lard wedi cael ei rwbio hyd y llawr, roeddwn mewn dŵr poeth. Aeth pethau'n waeth byth pan welodd ein cyntafanedig yn ei wely yn ddigon budr yr olwg ac yn lard i gyd.

Yn y cyfnod hwn, daeth galwad frys un gyda'r nos i ni fynd i lawr i Gaerdydd i gymryd rhan yn y rhaglen *Siôn a Siân*, yr oeddem wedi rhoi'n henwau gerbron ers tro ar ei chyfer. Doedd dim amdani ond gofyn i Catherine Bryn Llywelyn, a oedd yn byw dros y ffordd, i ddod acw at Gwen i edrych ar ôl Meirion, ac felly y bu. Buom yn ffilmio drwy'r dydd yng Nghaerdydd a chychwyn yn ôl am Sir Fôn tuag amser te, wedi ennill y 'jacpot', a oedd yn £200 ar y pryd – derbyniol iawn i gwpl ifanc. Doedd Gwen a Catherine ddim yn credu heb gael gweld yr arian.

Ymhen dwy flynedd a hanner, ym mis Gorffennaf 1967, cyrhaeddodd Eirian Eluned – chwaer fach Meirion, ac roedd o wrth ei fodd. Yn wahanol iawn i'w brawd, roedd Eirian yn fabi hamddenol dros ben ac yn llonydd braf.

Oedd, roedd ein bywydau'n brysur ac yn llawn, o edrych yn ôl. Y siop gan Audrey o fore gwyn tan nos efo dim ond dydd Sul i hamddena, a minnau efo digon o waith yn y byd adeiladu yn y cyfnod hwnnw. Roedd byw ym Mhenrallt yn braf dros ben, roedd gennym ni gymdogion da, sy'n dal yn ffrindiau agos hyd heddiw, ac roedd Gwen yn gwarchod y plant ambell nos Sadwrn er mwyn i Audrey a minnau gael mynd allan. Rhaid cofio bod yna ddwy nain a oedd yn dotio at Meirion ac Eirian hefyd, ac yn barod iawn eu cymwynas pan fyddai angen.

Yn ystod y gaeaf roedd y ddau ohonom yn dal i fynd i Landdeusant i ymarfer drama ac yn crwydro yma ac acw i berfformio tan y gwanwyn. Aeth hyn ymlaen nes i John Huws Stamp farw ym 1970. Roedd hi'n ergyd go fawr i ni, am ein bod wedi cael cymaint o hwyl yn ei gwmni ac wedi dysgu cymaint am ddrama a disgyblaeth perfformio ganddo.

Golygfa 13

Cymeriadau ffraeth

I fynd yn ôl at y gwaith adeiladu.

Ar ôl bod efo O. G. Parry, ac ambell ffyrm arall, mi fues i'n gweithio efo cwmni byd-enwog Laing am bwcs, ar gontract mawr yn ardal Waterside, Caergybi. Ond pan ddaeth y gwaith hwnnw i ben, mi benderfynais ei bod hi'n hen bryd i mi fentro ar fy liwt fy hun, a chymryd gwaith gan adeiladwyr eraill y sir am bris, yn lle gweithio wrth yr awr a chael cyflog bob dydd Gwener, fel yr oeddwn wedi bod yn ei wneud ers rhai blynyddoedd. Bargeinio cyn dechrau gwaith ar dŷ unllawr neu dŷ tair neu bedair llofft, a chael y tâl llawn ar ôl gorffen plastro, dyna fyddai'r drefn o hyn allan.

Roedd hi'n 1969 erbyn hyn, ac mi oedd gen i bartnar a chyd-weithiwr ardderchog yn Huw Pedr Jones, sy'n fwy adnabyddus ym mro ei febyd fel Huw Bach y Crow. Tyddyn yn Rhos-goch ydi'r Crow, cartref ei fam, a byddai Huw yn treulio llawer o amser yno gyda'i daid a'i nain pan oedd yn blentyn. Roedd Huw, fel finnau, yn byw yn Llangefni bellach, wedi priodi â Maureen, merch o Fethesda, ac roedd ganddynt dri o blant: un ferch, Dian a'r efeilliaid, Delwyn a Selwyn. Dyma ddechrau partneriaeth a oedd i bara am bron i 30 mlynedd, hyd nes i Huw gael ei daro'n wael efo gwenwyn bwyd salmonela ym 1999. Bu'n wael iawn ar y pryd ac yn hir iawn yn gwella, a phenderfynodd roi'r gorau i blastro, sy'n waith trwm.

Os bu tynnwr coes erioed, wel, Huw ydi hwnnw. Mae'n gallu dweud stori heb fymryn o wên ar ei wyneb, gan bwysleisio pob ffaith fel petai'n hollol wir. Dwi'n cofio rhywun yn gofyn iddo unwaith a oedd o'n medru chwarae'r piano.

'Wel,' meddai Huw, 'mi wnes i ddechrau cael rhyw bump neu chwech o wersi. Malcolm Sargent yn dod i'r tŷ i'm dysgu, ond mi ddaliodd Mam fo'n dwyn cwsberis yn yr ardd a chafodd o ddim dod acw wedyn. Piti hefyd, achos roeddwn i wrthi'n ddigon del ar y piano a deud y gwir. Mi faswn i wrth fy modd yn medru cyfeilio i mi fy hun.'

Ia, mae honna'n nodweddiadol ohono. Ond mae'n wir dweud ei fod o'n ganwr ardderchog efo llais tenor digon o ryfeddod. Ar un adeg, fydda' fo ddim yn colli'r un gymanfa ganu o fewn y sir yma. Byddai'n mynd bob nos Sul i rywle. Canai wrth ei waith hefyd, a chefais lawer o fwynhad yn gwrando arno, er na fedrwn ymuno yn y gân oherwydd fy llais brân. Ond roedd hi'n hwyl gwrando arno'n egluro ystyr cân neu emyn i ambell un nad oedd yn deall iaith y nefoedd.

Roeddem ni'n gweithio yn ochrau Amlwch rhyw dro, a Huw yn canu'n braf wrth gymysgu sment, ac yn rhoi ambell lond shefl yn y micsar cyn ailddechrau ar y dôn eto wedyn. Roedd perchennog y lle yn gwrando arno'n canu: 'Dyma gariad fel y moroedd, Tosturiaethau fel y lli.'

'What's that you're singing, Hughie?' holodd.

'It's a hymn, sir,' medda' Huw.

'Oh. What does it mean?' meddai eto.

Ac fel ergyd o wn, dyma Huw yn ei ateb heb arlliw o wên ar ei wyneb, 'There is a lover like the seaside, Sympathetic like the saw.'

Sôn am fod isio chwerthin, ond doedd fiw dangos bod Huw yn tynnu coes y dyn yn nagoedd!

Mi aeth hi'n waeth byth arna i un tro arall. Yr un math o sefyllfa'n union – Huw yn morio canu: 'Marchog Iesu yn llwyddiannus, Gwisg dy gleddau 'ngwasg dy glun . . .'

'That's wonderful,' meddai perchennog y tŷ, 'I presume it's a hymn, but what does it mean?'

'Jockey Jesus rides a winner!' meddai Huw yn syth.

Wyddwn i ddim lle i sbio, na be' i'w wneud efo fi'n hun rhag ofn i mi chwerthin yn wyneb y dyn. Ond mi fûm yn chwerthin lawer gwaith wrth feddwl yn ôl am honna!

O, sôn am ganu, dro arall roeddem ni'n gweithio yn Rhosneigr, a'r teulu newydd symud yno i fyw o ganolbarth Lloegr yn rhywle. Roedd hi'n fore braf o Fai ac roedd 'na dderyn yn canu dros y lle o waelod yr ardd.

'That's fantastic,' meddai gwraig y tŷ. 'What bird is that singing so sweetly?'

'I don't know,' meddai Huw, 'a Nico I call it.'

Gweithio yn y Sgubor Fawr, Llangristiolus dro arall, a hithau bron yn amser mynd adref, a ninnau'n cadw'r celfi ar ôl eu glanhau. Roedd dwy ferch fach yn byw yno, un yn chwech a'r llall tuag wyth efallai.

'Ydach chi'n mynd adra rŵan?' gofynnodd un.

'Ydan,' meddai Huw, 'bron â llwgu isio bwyd.'

'Be' gewch chi i fyta?' meddai'r llall.

'O, eroplên wedi'i berwi,' medda' fo.

Edrychodd y ddwy yn syn arno, cyn i un ddweud, 'Fedrwch chi ddim 'i byta hi i gyd na fedrwch?'

'Na,' meddai Huw, 'dim ond y wing – un bob un i'r wraig a finnau.'

Hyd heddiw wnaiff Meirion ac Eirian ddim coelio gair y mae Huw yn ei ddweud wrthynt, am ei fod o wedi rhaffu cymaint o straeon ac wedi tynnu eu coes cymaint er pan oeddan nhw'n blant.

Pan oedd Meirion tua thair oed, roedd hi'n amser bedyddio Eirian, a chan nad oedd gweinidog ym Moreia ar y pryd, galwyd ar y Parch. Redvers Jones i gyflawni'r ddyletswydd, a daeth i'r tŷ i drefnu pethau ymlaen llaw. Tua'r adeg hon roedd tad Huw, William Jones, wedi cael damwain ac wedi torri ei droed, ac roedd hi wedi cael ei lapio mewn trwch o blastar o' Paris. Byddai Meirion yn mynd am dro efo Huw yn y fan fach yn aml i nôl nwyddau adeiladu a byddai'n galw adra efo fo i weld William Jones. A'r tro hwn, mi welodd y bychan yr hen ŵr a'r plastar mawr gwyn ar ei droed.

Ar ôl gadael y tŷ roedd yn rhaid i Meirion gael gwybod yn union beth oedd wedi digwydd i 'William Jones Radio House' (dyna'r oedd pawb yn ei alw am mai yn y siop honno yr oedd o'n gweithio yn gosod êrials teledu ac yn y blaen).

'Wel, a deud y gwir wrthat ti,' meddai Huw, 'yr eliffant gwyn sydd wedi gwneud pŵps mawr am ben ei droed o, ac mae'n anodd iawn ei gael o i ffwrdd heb fynd i'r ysbyty yn Lerpwl. Maen nhw'n arbenigo yn fanno ar y math yna o waith.'

Pan ddaeth y Parch. Redvers Jones i'r tŷ, ac Eirian yn eistedd yn ddel ar ei lin o, dyma fo'n dechrau siarad efo Meirion a oedd yn chwarae efo rhyw degan ar y llawr, a holi beth oedd ei enw ac os oedd o'n mynd i'r ysgol ac yn y blaen.

Yn sydyn, dyma Meirion yn ei ateb, heb flewyn ar ei dafod, 'William Jones Radio House – mae eliffant gwyn wedi cachu am ben ei droed o.'

Ddwedodd y gweinidog ddim gair o'i ben, ond fe dreuliodd Audrey y deng munud nesaf yn ymddiheuro'n llaes iddo. Sôn am fod isio i'r llawr agor a'n llyncu. Ia, 'o enau plant bychain' . . . ac mae'n siŵr fod aml riant wedi cael profiad digon tebyg.

Roedd Huw a minnau'n gweithio ar ben to yr hen ysgol gynradd ym Mhenmynydd un tro. Er bod yr ysgol wedi cau ers blynyddoedd, roedd y Cyngor Sir yn dal i ofalu am ei chynnal a'i chadw, a'r gymuned leol yn ei defnyddio – Ffermwyr Ifanc, Sefydliad y Merched ac yn y blaen. Y diwrnod arbennig hwn roedd hi'n wyntog drybeilig, a chan fod Penmynydd yn un o'r pentrefi uchaf ym Môn, roedd y gwynt yn hyrddio'n eithriadol o gryf ar adegau.

Ro'n i'n cerdded i fyny'r ysgol efo pwcedaid o sment yn un llaw, ond wrth roi un droed ar y to fflat, dyma'r gwynt yn gafael ynof ac i lawr â fi. Roedd hi'n godwm o tua deg troedfedd mae'n siŵr, ond wrth ryw lwc, disgynnais ar fy nhraed. Canlyniad hynny oedd fy mod wedi torri fy sawdl ac nid fy mhenglog.

'Aros am funud,' meddai Huw, 'mi a'i â chdi i Ysbyty Gwynedd.'

Dyma ddechrau fy llwytho i'r picyp – na, nid i'w chefn ond i sedd y pasinjiar, a Huw yn neidio tu ôl i'r llyw a'i chychwyn hi am yr ysbyty. Deg llath aethom ni, a dyma fo'n stopio'n stond.

'Be' sy'?' medda' fi.

'Dwi ddim wedi golchi'r micsar,' meddai. 'Mi wna i rŵan rhag ofn i ni gael daliad go hir tua'r Bangor 'na.'

Ro'n i'n gwybod ei fod o'n un cydwybodol, ond wyddwn i ddim ei fod o mor eithriadol â hynny chwaith. Ond chwarae teg, fo oedd yn iawn mae'n siŵr.

Bûm adref ar fy maglau am tua hanner blwyddyn wedyn, yn methu mynd i weithio na gwneud dim byd adra chwaith, a dyna'r chwe mis hiraf fu ar fy mhen i erioed dwi'n meddwl.

Ar y pryd, roeddem ni'n gofalu am holl ysgolion Môn efo gwaith cynnal a chadw. Ro'n i'n nabod pob athro yn y sir, bron â bod, a byddai'n bur brysur arnom adeg gwyliau'r ysgol dros y Pasg, yr haf a'r Nadolig neu adeg hanner tymor, a rhaid oedd gorffen y gwaith cyn i'r plant ddod yn eu holau. Ond chwarae teg, mi gariodd Huw ymlaen ar ei ben ei hun tra roeddwn i i ffwrdd. Ia wir, un da ydi Huw, a chlamp o gymêr os bu un erioed. Dwi wedi cael y fraint o adnabod sawl un arall hefyd dros y blynyddoedd.

Dyna i chi blastrwr y bûm yn gweithio ag o am gyfnod byr ar dai cyngor ym Mhentraeth, er enghraifft. Roedd o'n mynd dan yr enw Llew India Roc. Pam? Wn i ddim. Chlywais i 'rioed am neb yn Amlwch yn gwneud y peth. Llannerch-y-medd oedd yn enwog ym Môn am Inja Roc, a byddai hwnnw'n cael ei werthu ar y farchnad yn Llangefni bob dydd Iau a phawb yn cael tamaid bach i brofi cyn prynu.

Plastrwr hen ffasiwn oedd Llew, heb fawr o amynedd efo'r 'hen beth newydd 'ma', sef y plaster pinc. Gwaith sment oedd wrth fodd 'rhen Lew. Byddai bob amser yn cnoi baco ac wrth drywelu'r muriau, byddai'n poeri am ben ei waith a hwnnw'n rhedeg yn un afon frown i bob man. Bu'n gweithio ar yr Eglwys Gatholig nodedig yn Amlwch, a soniodd ei fod wedi gwneud patrwm yn y sment efo'i fawd wrth blastro'r waliau tu allan. Ond dwi'n meddwl fod campwaith Llew wedi diflannu bellach – pan adnewyddwyd yr eglwys.

Un tro, mi gafodd Llew ei berswadio gan ryw hen wag tua'r Amlwch 'na i sefyll lecsiwn i fynd ar y Cyngor Tref, ac wrth gwrs, gan ei fod yn un o'r dref honno erioed a phawb yn ei adnabod yn iawn, mi enillodd Llew gyda mwyafrif ysgubol. Un noson, wrth ddarllen yr agenda mewn pwyllgor, sylwodd Llew fod £200 wedi cael ei wario ar rywbeth neu'i gilydd, a chan nad oedd yn ddarllenwr mawr, trodd at y cyfaill oedd wrth ei ochr. Efallai mai'r wag a'i perswadiodd i sefyll yn yr etholiad oedd o, pwy a ŵyr. Ond gofynnodd Llew iddo i ble'r oedd y £200 wedi mynd.

153

Ar ôl stydio'r daflen am eiliad, dyma'r cyfaill yn ateb, 'O, hwnna. Wedi'i wario fo ar briciau tân maen nhw,' medda' fo.

Neidiodd Llew ar ei draed gan chwifio'r daflen, a gweiddi, 'Does 'na ddim rheswm mewn peth fel hyn. Be' haru'r clarcod 'ma'n gwario'r fath bres ar briciau tân neno'r Tad?'

'Am funud bach,' torrodd y cadeirydd ar ei draws. 'Rydych chi wedi camddeall Mr Llywelyn Jones.'

Pur anaml fyddai'r Llew yn cael ei enw'n llawn heb sôn am rywun yn ychwanegu'r 'Mr' o'i flaen.

'Camddeall o ddiawl,' atebodd Llew, 'mae o'n deud yn blaen yn fan'ma mewn du a gwyn, ac mae'n rhaid i rywun egluro i mi pam ein bod wedi gwario'r holl arian 'ma.'

'Na, gwrandwch rŵan,' meddai'r Cadeirydd, yn trio eto.

'Na, does 'na ddim byd i wrando arno,' meddai Llew. 'Fasa'n rheitiach i mi fynd i hel pricia tân i boncia Carreg-lefn dwi'n meddwl, mae'n talu'n well o beth cythraul na phlastro yn ôl pob golwg.'

Erbyn hyn roedd o'n cnoi baco ffwl sbîd, a'i geg yn mynd pymtheg y dwsin.

'Chi sydd ddim wedi darllen yr agenda'n iawn,' prysurodd y Cadeirydd tra oedd Llew yn cael ei wynt ato.

''Dach chi'n gweld Mr Jones, wedi cyfrannu £200 at y Frigâd Dân yr ydan ni fel cyngor.'

'Wel, pam ddiawl na fasa chi'n deud yn y dechrau ta!'

Mae'n siŵr na ofynnodd Llew i'r wag wrth ei ochr am eglurhad ar ddim byd byth wedyn.

Toc ar ôl priodi cefais waith efo Pochin, cwmni adeiladwyr o Macclesfield, a oedd yn codi adeiladau i Brifysgol Bangor. Fe'm gyrrwyd i weithio ar adeilad yr Adran Gemeg a oedd wrth ochr hen ysbyty'r C&A, ac a oedd tua naw llawr o uchder. Bûm yn meddwl amdano'r dydd o'r blaen pan ddarllenais adroddiad yn y papur newydd yn dweud bod cynlluniau ar y gweill i'w ddymchwel, a hwnnw ddim ond ychydig dros 40 oed. Anhygoel!

Sais o ochrau Lerpwl o'r enw Bill Evans oedd y fforman, creadur digon sych a dim llawer i'w ddweud ganddo, ond roedd o'n deall ei waith i'r dim. Rhyw bedwar plastrwr oedd ar y gwaith hwnnw a dau labrwr. Gwaith labrwr oedd cymysgu sment a gofalu ei fod yr un cysondeb a'r un trwch bob amser. Roedd o'n cymysgu plaster pinc hefyd gan ofalu rhoi union ddigon o ddŵr mewn pwced, ychwanegu'r powdwr iddo fesul tipyn a'i droi yn dda efo darn o bren.

Amser cinio oedd hi pan ofynnodd un o'r labrwrs, Twm o Ben-y-groes, a faswn i'n mynd i lawr i Fangor i siop baent Robinson & Neal efo fo.

'Pam, be' wyt ti isio?' medda' fi.

'Yr hogia 'cw sydd wedi sgwennu ar y waliau,' meddai Twm, 'ac mae golwg gythreulig ar y papur wal 'chan.'

Ffwrdd â ni'n dau ar frys achos roedd tipyn o ffordd i'r siop a dim ond union hanner awr oeddem ni'n ei gael i ginio, felly, llyncu brechdan a diod o de'n reit sydyn fuodd hi. Cyrraedd y siop a'r ferch tu ôl i'r cownter yn gofyn: 'And what can I do for you?'

Roedd pethau'n flêr cyn dechrau achos gwyddwn fod Twm ymhell o fod yn llithrig yn yr iaith fain. Roeddwn i ar fin rhoi fy mhig i mewn i drio helpu pan ddywedodd Twm yn ei Saesneg gorau, 'I want some paper wall.'

Chwarae teg i'r ferch, mi ddeallodd yn syth, a dyma hi'n holi, 'How many rolls do you need?'

'Rolls?' me' Twm, a oedd yn y tywyllwch yn llwyr. Fuasai waeth iddi fod wedi gofyn mewn Lladin.

'How much wall paper do you think you'll need?' meddai eto.

155

'Gofyn mae'r hogan faint o bapur wyt ti isio,' medda' finnau, yn teimlo fel cyfieithydd yn y Brifysgol.

'O,' meddai Twm, 'from the television to the fireplace,' yn y Saesneg fwyaf Cymreig a glywais i erioed.

'Oh, I see,' meddai'r ferch yn amyneddgar, 'and how far is the telly from the grate?'

Dyma Twm yn dechrau camu efo camau bras ar draws y siop.

'That much,' medda' fo.

Ac aethom yn ôl i'r gwaith, a dau rolyn o bapur dan ei gesail ganddo.

'Dydi'r wraig yn gwybod dim am hyn sti,' meddai Twm yn wên i gyd. 'Mi fydd yn syrpreis neis iddi'n bydd? Mae'n cael ei phen-blwydd dydd Sadwrn.'

'Bydd wir, Twm,' atebais, 'fedra' hi ddim cael anrheg gwell.'

Mae gen i syniad go lew sut oedd ymateb gwraig Twm – dim ond dychmygu sut fuasai Audrey'n ymateb pe bawn i'n dod efo dau rolyn o bapur papuro iddi'n anrheg pen-blwydd!

Dwi'n cofio cymêr arall o gyfnod pan oeddwn yn gweithio efo Emrys Edwards, adeiladydd o Lansadwrn, yn plastro tai ym Mhorthaethwy. Maesyrhafod oedd enw'r stad, hanner ffordd rhwng tafarn y Four Crosses ac Ysgol David Hughes. Fy nghyfaill gwaith ar y pryd oedd Wil Bach o Walchmai, cymeriad doniol iawn, a llond tŷ o blant ganddo. Roedd gan Wil ddau frawd ac roedd gan y tri 27 o blant rhyngddyn nhw – ia, naw yr un gan bob brawd. Ella ei bod hi wedi bod yn gystadleuaeth rhwng y tri, pwy a ŵyr? Ond peth rhyfedd i'r tri roi'r gorau iddi ar ôl cael naw o blant bob un yn te? Gêm gyfartal oedd hi, felly.

'Hogia,' meddai Emrys wrthym ryw fore, 'mae nenfwd y gegin wedi dechrau dod i lawr yn y ficrej yn Llansadwrn. Ewch chi yno i weld be' fedrwch chi wneud? Tynnwch yr hen *lath and plaster* i lawr a'i hail-wneud hi efo *plasterboards* a phinc arni wedyn.'

Roedd Emrys a'r teulu i gyd yn eglwyswyr ffyddlon iawn yn Llansadwrn ac yn uchel eu parch yn yr ardal.

Dyma hel ein tŵls i gyd i'r fan ac i ffwrdd â Wil a finnau, ac un o ddynion Emrys yn ein dilyn efo lorri fechan i gario'r planciau a'r *plasterboards* ac ati. Y Parchedig J. D. Mihangel Williams oedd Person Llansadwrn yr adeg honno, a doedd o ddim yn dod o'r gogledd yn ôl ei acen. Dyma ddechrau ar y gwaith ar ôl gwneud sgaffald efo'r planciau i ni gael bod yn nes at y nenfwd. Gwaith budr iawn oedd tynnu'r hen un i lawr – llwch a baw yn mynd ar ben rhywun doed a ddelo. Wedyn roedd yn rhaid cario'r cwbl allan, a glanhau'r llwch cyn dechrau gosod y *plasterboards* efo hoelion arbennig, rhai wedi eu galfaneiddio rhag iddynt rydu a dangos trwy'r plaster a'r paent.

Erbyn hyn roedd hi'n tynnu at bump o'r gloch, amser noswylio, ac yn rhy hwyr i roi'r plaster pinc i lawr, oedd yn waith tua thair awr neu fwy.

'Rydan ni am fynd rŵan,' medda' fi wrth y Parchedig Williams, 'welan ni chi fory.'

'Pa bryd fyddwch chi yma yn y bore?' holodd.

'O, tuag wyth i hanner awr wedi,' meddai Wil.

'Gwell i mi roi'r allwedd i chi felly, achos bydd hi tua hanner awr wedi naw neu ddeg arna i yn dod o'r gwely,' meddai, ac i ffwrdd â fo i nôl y goriad.

Y bore wedyn, a hithau'n tynnu at ddeg o'r gloch, dyma Mr Williams i lawr, a Wil a minnau'n trywelu'r nenfwd.

'Tydi hi'n fore hyfryd, hyfryd iawn,' oedd geiriau cyntaf y Parchedig wrthym.

A chan mai Wil oedd agosaf ato, y fo atebodd, 'Ydi mae hi,

Syr, braf iawn 'fyd, ond cofiwch, gaddo ffwcin glaw mae hi meddan nhw.'

'O! O! Gaddo glaw, ie?' meddai Mr Williams. 'Rhaid i mi fynd i ddweud hynny wrth y wraig.'

Dwi'n gobeithio na wnaeth o ddim ailadrodd y rhagolygon yn ôl Wil air am air!

Oedd, roedd Wil yn rhegi bob yn ail air lle bynnag yr oedd o, a gerbron pwy bynnag oedd yno. Dwi ddim yn meddwl ei fod o'n gwybod ei fod o wrthi hanner yr amser, roedd popeth yn dod dros ei wefusau mor naturiol. Weithiau, pan fyddwn yn gweithio yn ochrau Gwalchmai ac isio gweithio'n hwyr, byddwn yn cael gwadd i de efo Wil. Mynd yno tua phump, ac yna'n ôl i weithio tan wyth neu naw efallai. Wil a'i wraig a minnau, a llwyth o blant o gwmpas y bwrdd, a Wil fel hwsmon yn eistedd ar ben y bwrdd yn bwyta a siarad yr un pryd. Roedd John, un o'r meibion, a oedd tua chwech neu saith oed yn bwyta ar y pen arall i'r bwrdd, 'Dad,' medda' fo, 'pasia'r sôs.'

Wil yn gwrando dim ar y bychan, dim ond dal i fwyta a siarad.

'Dad,' meddai drachefn, 'pasia'r sôs.'

Dim ymateb gan ei dad, dim ond dal i gnoi a pharablu bob yn ail.

'Dad!' meddai John ar dop ei lais y tro hwn, 'pasia'r ffwcin sôs!'

'Wel, Bet,' meddai Wil wrth ei wraig, 'wn i ddim pwy mae'r hogyn 'ma'n glywed yn rhegi fel hyn. Be' maen nhw'n ddysgu i'r hogia 'ma yn 'rysgol d'wch?'

Golygfa 14

Ehangu gorwelion

Fel yr oedd amser yn hedfan, y busnes yn tyfu, heb sôn am y plant, roedd y tŷ fel petai'n mynd yn llai. Roeddem ni angen o leiaf dair ystafell wely erbyn hyn, ac mi ddechreuodd Audrey a minnau feddwl o ddifrif am brynu lle mwy.

Un gyda'r nos, pan oedd Anti Myra, modryb Audrey, yn aros acw efo ni, mi aeth y ddwy am dro i gyfeiriad Rhostrehwfa a gwelsant dŷ reit nobl o'r enw Plas Gwyn ar werth ac yn wag. Ar ôl iddyn nhw ddod yn ôl, cefais innau fy mherswadio i fynd draw i gael golwg arno. Roedd o'n dŷ dipyn o oed, ac angen gwaith arno, ond mewn safle braf efo gardd o faint go lew o'i flaen, a digon o le tu cefn i un fel fi gadw offer adeiladu. Penderfynwyd ei brynu ac mi symudom ni yno ym mis Tachwedd 1971 ar ddiwrnod oer a gwlyb – i dŷ oer hefyd, mae'n rhaid dweud. Ond roedd hynny i'w ddisgwyl – roedd o wedi bod yn wag ers dwy flynedd – ond roedd Rayburn yn y gegin, felly o leiaf roedd fanno'n gynnes ymhen ychydig.

Roeddem ni am ddal ein gafael ar y tŷ a'r siop ym Mhenrallt, ac roedd hwn yn gyfle i wneud y siop yn fwy a chreu fflat uwchben i'w gosod, felly, dyma ganolbwyntio ar wneud hynny yn gyntaf cyn dechrau meddwl am wneud unrhyw waith ym Mhlas Gwyn.

Mi gefais fy hun mewn dyfroedd dyfnion un gyda'r nos pan oeddwn yn tynnu'r lle tân yn y siop. Rhaid oedd mynd â'r cerrig a'r brics dros y ffordd i'w taflu, ac roedd Meirion ac Eirian wrth eu boddau'n dod efo fi a chael reid yn ôl yn y ferfa bob tro. Ond pan welodd Audrey'r ddau yn huddyg drostynt, wel . . . ia, gwell gadael y stori yn y fan honno dwi'n meddwl.

Erbyn Pasg 1972 roedd y siop ar ei newydd wedd, ond fe gymerodd flynyddoedd o weithio fesul tipyn i wneud y newidiadau i Blas Gwyn. Tai pobl eraill oedd yn gorfod dod yn gyntaf wrth reswm.

Fel roedd y plant yn tyfu, Meirion yn aelod o'r Cubs a diddordeb mewn pêl-droed, ac Eirian yn cael gwersi piano a marchogaeth, roedd angen nôl a danfon y ddau i rywle byth a beunydd. Mi ges i syniad un diwrnod y buasai beic bob un yn handi iddyn nhw, a dyma fi adref a dweud, 'Dowch efo fi.'

'I lle, Dad?'

'I gael beic bob un,' medda' finnau. 'Mi fedrwch chi fynd i bob man eich hunain wedyn.'

Roeddan nhw'n ddigon hen wrth gwrs, ac er mor brysur oedd Llangefni, roedd 'na lawer llai o geir ar y lonydd yr adeg honno nag sydd heddiw. Ond camgymeriad oedd o wedi'r cwbl, ac mi ddaeth hynny'n amlwg un diwrnod pan fu'n rhaid mynd i nôl Eirian – a'i beic – o'i gwers biano yng nghanol Llangefni, a hithau'n wlyb domen wedi cael ei dal mewn storm o fellt a tharanau. Ia, erbyn meddwl, mae'n debyg mai cerbyd tywydd braf ydi beic.

Gwerthwyd y siop ym 1977 ond roedd y fenter wedi talu ar ei chanfed inni. Fe dalodd amdani ei hun ac am Blas Gwyn, ac mae'n debyg fod 'na wirionedd yn yr hen ddywediad, sef bod 'llathen o gownter yn well na chan acer o dir.'

Ymhen amser, aeth Audrey i weithio i'r Bwrdd Ffilmiau

Cymreig, swydd wrth ei bodd a hithau efo profiad a diddordeb ym myd actio. Roedd hi'n rhannu swyddfa efo'r enwog Gwilym Owen. Mae gan Audrey barch mawr at Gwilym, roedd hi'n ei weld o'n un teg iawn i weithio iddo, ac yn llawer o hwyl hefyd. Roedd hi yno adeg ffilmio *O'r Ddaear Hen*, y ffilm arswyd; *Teisennau Berffro*, addasiad o waith Tom Parry Jones, ac wrth gwrs, *Madam Wen*, un o ffilmiau cynharaf S4C, lle cafodd llawer ohonom ni, amaturiaid, gyfle fel ecstras. Clywais Audrey'n dweud iddi orfod chwilio am tua 150 o bobl i ymddangos ynddi. Gresyn bod storm fawr wedi torri ynglŷn â'r gorwariant ar y ffilm.

Aeth Audrey yn ei blaen i redeg y swyddfa i gwmni Mona Tractors. A hithau wedi ei magu ar fferm, doedd byd amaeth ddim yn ddieithr iddi o bell ffordd. Bu yno am 11 mlynedd hapus iawn. Yna, daeth cyfle iddi, trwy gyfaill o Lanwnda, David Wynne Jones, i gael swydd dan Gyngor Sir Gwynedd yn hyrwyddo cyrsiau i'r Gwasanaeth Cyflogaeth.

Ond ers y 1970au, mae Audrey wedi rhoi rhan helaeth o'i hamser i Sefydliad y Merched. Uchafbwynt hyn oedd cael ei hethol yn Gadeirydd Cymru yn 2001, a chyfle i eistedd ar y Bwrdd Cenedlaethol yn Llundain. Hi ydi'r unig un o Ffederasiwn Sir Fôn i ddal y swydd honno. Ond pluen arall amlwg yn ei het oedd gweithio i gael arian i greu amgueddfa barhaol i Sefydliad y Merched yn Llanfairpwll. Yng Nghanada y ffurfiwyd Sefydliad y Merched, ond yn Llanfairpwll lle y sefydlwyd y gangen gyntaf ym Mhrydain, ac yno, yn rhan o'r adeilad cyntaf hwnnw, y mae'r amgueddfa, ac roedd 'na brysurdeb garw yno yn 2015 pan oedd y mudiad yn dathlu ei ganmlwyddiant, gydag ymwelwyr o bob cwr o Brydain a thu hwnt.

Mi gefais innau'r fraint o fynd i Senedd Ewrop ym Mrwsel yn ei sgil, pan oedd Audrey yn rhan o ddirprwyaeth Sefydliad y Merched i'r ddadl Iawnderau Merched ym myd Amaethyddiaeth. Profiad unigryw.

Drwy'r Mudiad y mae hi hefyd wedi ymweld â llawer man pwysig arall, yn cynnwys Tŷ'r Arglwyddi, Ystafell Llefarydd Tŷ'r Cyffredin, sawl gwaith i'r Cynulliad yng Nghaerdydd, a dwywaith i Balas Buckingham. Ac mi fyddwn ni'n ymweld â'r Palas eto yn y dyfodol agos gan fod Audrey wedi derbyn anrhydedd yr M.B.E. am ei gwaith efo'r Sefydliad y Merched, a'r gymuned. Het newydd i hithau, a siwt newydd i fi!

Mi ga innau, fel y teledu, roi pwt o hysbŷs rŵan: os oes arnoch chi angen jam, marmalêd, tshiytni neu deisen, mae amrywiaeth ohonynt i'w cael yn ein tŷ ni, efo iôrs trŵli yn cynorthwyo'r *head cook* erbyn hyn. Dros gyfnod y Nadolig diwethaf, gwnaed 70 pwdin 'Dolig, dwsinau lawer o fins peis, a llaweroedd o fasgedi nwyddau cartref y bydd pobl yn eu harchebu'n anrhegion.

Sawl blwyddyn yn ôl bellach, dechreuodd Audrey ymhél â rhywbeth arall sydd wedi tyfu'n un o'i phrif ddiddordebau erbyn hyn – hel achau. Dechrau efo llinach ei thad a wnaeth hi, heb feddwl am eiliad y buasai'n gallu olrhain ei theulu yn ôl at Bleddyn ap Cynfyn yn y flwyddyn 1100. Tipyn o gamp. Ond nid dyna ddiwedd y stori, oherwydd mae hi wedi dal ati i hel achau llawer un, ac mae 'na fwy o goed o bob math yn y tŷ 'cw na choedwig Clocaenog ger ei hen gartref yn Bontuchel ers talwm.

Mae hi'n cael galwadau i fynd i siarad efo gwahanol gymdeithasau ar y pwnc, ac mae'n rhaid cyfaddef ei bod wedi dod o hyd i sawl sgerbwd yng nghwpwrdd fy nheulu i.

Ar hyn o bryd, teulu Tudur Huws Jones, sydd wedi bod yn fy nghynorthwyo i efo'r llyfr hwn, sydd dan y chwyddwydr ganddi, teulu mawr o bobl fusnes yn Llangefni ar un adeg, teilwriaid i gyd bron iawn, a sawl bardd yn eu plith, yn

cynnwys Hugh Evan Jones (Hywel Cefni), a fu'n hyfforddi R.
Williams Parry yn y cynganeddion pan oedd o'n ddyn ifanc;
ei frawd, Robert Evan Jones, neu Cyngar, a oedd yn deiliwr
yn Llanberis ac a fu'n ddylanwad mawr ar T. Rowland
Hughes, a John Evan Jones (Ioan Môn), a ysgrifennodd yr
englyn ardderchog hwn i'r Crud:

> Cwch un bach yn cychwyn byw – yn hafan
> Nefol mebyd ydyw;
> A Duw, mewn cariad menyw,
> Yn nerthol, lŷn wrth ei lyw.

Wrth edrych heddiw ar ein sefyllfa fel teulu, credaf ein bod
yn lwcus dros ben, ac yn agos at ein gilydd; dim amser gan
'run ohonom i fyw ym mhocedi ein gilydd, ond yma'n gyson
ar bob achlysur.

Mae Meirion yn byw ym Mhentraeth ac yn briod â Jenny,
a chanddynt un mab, Thomas, sy'n wyth oed. Rheolwr maes
carafannau yn Nhraeth Coch ydi Meirion ac mae'n credu fod
pawb ar eu gorau pan maen nhw ar wyliau, sy'n gwneud ei
swydd yn hawdd medda' fo. Mae Jenny'n gweithio yn swyddfa
cwmni Glanbia yn Llangefni ers blynyddoedd. Fel y soniais,
roedd gan Meirion ddiddordeb mawr mewn pêl-droed pan
oedd o'n iau, ac mae'n amlwg bod ei fab yn dilyn ôl ei droed.
Mae'n mynd i'r ysgol ym Mhentraeth ac wedi cael ei dderbyn
i academi bêl-droed yng Nghonwy, ac mae ei rieni'n brysur yn
ei hebrwng yma ac acw i gystadlaethau pêl-droed byth a
hefyd.

Mae Eirian yn briod â Terry ac yn byw yn fy hen gartref,
Castell, yn Elim ger Llanddeusant. Mae ganddynt hwythau
un mab, sef Gareth sy'n 22. Cwmni gwerthu a gosod tai sydd
ganddynt yn Amlwch, sef Môn Properties a sefydlwyd gan

Terry tuag 20 mlynedd yn ôl, a braf ydi cael dweud ei fod yn llwyddiant. Mae Gareth wedi bod ym Mhrifysgol Wrecsam, ac ar hyd o bryd, mae'n cael hyfforddiant i fod yn heddwas.

Y pleser mwyaf o ddigon ydi cael yr wyrion yma gyda ni. Dwi'n gorfod chwarae pêl-droed efo Thomas yn yr ardd nes 'mod i wedi ymlâdd erbyn ei bod hi'n amser iddo fynd adref. Wna i fyth anghofio pan sgoriodd Thomas ei gôl gyntaf ac yntau'n chwech oed, mi neidiodd pawb ar ei gefn nes bod ei fam yn meddwl na welai hi ei hogyn bach byth mwy!

Mae Gareth wedyn, yn hen law ar ddangos y merlod i ni mewn sioeau erbyn hyn, ac mae'n arbed i ni orfod rhedeg yn y fan honno bellach. Mi gawsom y pleser o gael Gareth yn byw efo ni am dair blynedd pan oedd o'n hogyn bach, tra roedd ei dad yn ffurfio'r cwmni, ac anodd iawn oedd ei weld yn mynd oddi yma i'w gartref newydd ei hun. Ond un peth sy'n fy nharo ydi cymaint gwacach ydi fy mhocedi ers nabod y ddau – mae cariad yn ddall, greda' i. Dim ond mawr obeithio y bydd llwyddiant ac iechyd yn dod i ran y ddau, beth bynnag y byddan nhw'n ei wneud yn y dyfodol.

Golygfa 15

Cynnal nosweithiau cynnes – mae Tony,
Yma taniodd ffwrnes;
Un â greddf i godi gwres,
Un hynod, dyna'i hanes.

Cau Pen y Mwdwl

Doedd gen i ddim syniad ar y dechrau am beth i ysgrifennu achos fu hi erioed yn ddyddiau tywyll, du arnaf; fûm i erioed yn gaeth i gynnyrch unrhyw fragdy, gwirodydd o Ffrainc, na 'dŵr' yr Alban chwaith. Rydw i wedi mwynhau pob diwrnod ar yr hen ddaear hon wedi imi adael yr ysgol yn 14 oed. Bûm wrth fy modd yn Ysgol Pancarnisiog, a'r unig ddyddiau i mi geisio'u hanghofio erioed oedd y pedair blynedd hynny yn Ysgol Ramadeg Caergybi. Ond dyna fo, dydi hi byth yn fêl i gyd i neb yn yr hen fyd yma.

Rydw i wedi cael deng mlynedd ar ben oed yr addewid hyd yn hyn, ac ar hyn o bryd, dwi'n teimlo'n eitha' da; erioed wedi gorfod cymryd dim tabledi, felly, mae gobaith efallai am ddeng mlynedd arall fel dwi'n teimlo rŵan diolch i'r drefn. Byddaf yn meddwl am yr hogia oedd 'run oed â fi yn ardal Llanddeusant gynt – Robin a Huw Fôn wedi mynd o Pontic, Now a Ned wedi mynd o Cae Bach, a Spence wedi mynd o

Bryn Golau. Rydw i'n lwcus i gael mynd yn ôl i'r hen ardal rŵan ac yn y man gan fod Eirian yn byw yn yr hen gartref.

Margaret Thatcher ddywedod d'wch, nad oes ffasiwn beth â chymuned? Efallai'n wir erbyn heddiw. Ond byddai pentref bach Elim yn fwrlwm yn y 1950au – pump neu chwech mecanic yn gweithio yn Garej Elim, pump neu chwech wedyn yn Siop Elim drws nesa' i'r garej, a dwy neu dair fan yn cario nwyddau allan i ardaloedd fel Llanfair-yng-Nghornwy a Llanrhuddlad ac yn y blaen. Byddai llawer o fynd ar y tri chapel hefyd – ia, tri, mewn pentref mor fychan, sef Capel Elim y Methodistiaid, a safai ar lan Afon Alaw ond sydd bellach wedi'i ddymchwel â thŷ moethus wedi ei godi ar y safle; Horeb y Bedyddwyr, sydd wedi cau ers rhai blynyddoedd a phobl o Fanceinion wedi ei brynu gan feddwl ei droi yn dŷ, ond sydd heb wneud dim hyd yn hyn heblaw trin mymryn ar y tŷ capel,ond mae golwg drist iawn ar y capel ei hun. Ac fel dwi'n sgwennu hyn o eiriau, mae sôn fod Capel Bethania yr Annibynwyr ar fin cau hefyd, sef Capel Tatw y soniais amdano ym Mhennod 3.

Mae cof gen i am bum siop yn Llanddeusant, sef Swyddfa'r Post, Yr Hen Bost, Siop Olwen Bach, Liverpool House (siop Eddie Williams), siop bwtsiar yn y Bull a oedd wedi bod yn dafarn yn yr hen oes, a rhai cyn fy amser i efallai, fel Siop Huw Rolant. Byddai Eddie Williams yn dod o amgylch yn y 1950au i werthu dillad, siwtiau, crysau ac yn y blaen, a hynny weithiau tua deg neu un ar ddeg y nos. Bu ei dad yn deiliwr yn y pentref am flynyddoedd, yn gwneud dillad i bawb yn yr ardal.

Mae'n stori hollol wahanol yn y pentref erbyn heddiw – dim siop, yr ysgol wedi cau yn ogystal â drysau'r eglwys erbyn hyn hefyd. Roedd pawb yn adnabod ei gilydd yn fy nyddiau i, ond heddiw, gwn am fachgen a merch sydd ddim ond yn byw rhyw ganllath oddi wrth ei gilydd ac eto'n gwybod dim am fodolaeth y naill na'r llall. Aeth y bachgen i'r ysgol leol a'r ferch i Ysgol Caergeiliog; y bachgen yn mynd yn ei flaen i Ysgol Uwchradd Bodedern a'r ferch i ysgol ym Mangor. Trist iawn. Pan oeddem ni'n blant, roeddem yn adnabod pawb oedd o'n cwmpas am filltiroedd – o Fynydd Mechell i Lanfigel, ac o Lantrisant bron i Lanfaethlu. Ond dyna fo, gyda dyfodiad y car modur efallai bod Sir Fôn yn un gymuned fawr, a ffrindiau'n byw dipyn pellach na drws nesaf.

Rhyw dair blynedd yn ôl, cefais alwad ffôn gan Jane Richards o Gapel Glasinfryn, Llanbedr-goch, yn gofyn a awn i yno i gynnal gwasanaeth y Sul canlynol. Atebais innau, yn fy nychryn, y buaswn yn mynd! Doeddwn i erioed wedi gwneud dim byd o'r fath o'r blaen, ar wahân i gymryd rhan fach mewn gwasanaeth ym Moreia bob hyn a hyn. Bu cryn baratoi am y gwasanaeth achos doeddwn i erioed wedi rhoi pregeth at ei gilydd, a dim ond wedi traddodi gweddi efo papur o fy mlaen – 'rioed wedi gweddïo o'r frest fel y byddai'r hen bobl yn ei wneud. Ac er 'mod i wedi derbyn galwadau i lefydd eraill ers hynny, hyd heddiw, mae gen i ofn rhoi cynnig arni rhag ofn i mi fynd yn sych ar ôl rhyw funud neu ddau a gorfod dweud 'Amen' yn rhy sydyn o lawer. Felly, rhaid cyfaddef fod gen i ddarn o bapur o fy mlaen wrth weddïo a thraddodi mymryn o bregeth bob amser. Bydd gen i lwyth o bapurau dan fy nghesail wrth fynd i bob gwasanaeth, a dwi'n edmygu'n fawr yr hen lawiau fydd yn dod heb ddim math o bapur. Daeth Audrey efo fi i wasanaeth mewn capel ym Menllech dipyn yn ôl, a dyma finnau'n gofyn sut oedd popeth wedi mynd, 'Rwyt ti'n mynd ar ormod o sbîd,' meddai. 'Nid actio yr wyt ti rŵan, cofia.'

Mae'n siŵr ei bod hi'n iawn, a minnau wedi gwrando ar

sawl cynhyrchydd yn dweud bod drama'n llusgo ac yn crefu arnom i gyflymu dipyn.

Byddai Mam yn adrodd stori amdanaf yn pregethu ar ôl bod yng Nghapel Trefor am y tro cyntaf a minnau ddim ond yn rhyw bump oed. Byddwn yn mynd i ben y bonc a oedd wrth dalcen y tŷ, a gosod fy chwaer, Jean, a oedd tua thair oed ar y pryd, i wrando arnaf, a'r un oedd y bregeth bob amser, sef: 'A Gwyneth Bach y siop yn cerdded yr holl ffordd i Jerwsalem trwy bentwr o ddalan poethion yn droednoeth bob cam.'

Efallai y dylwn fod wedi mynd ar y Sul ugain mlynedd ynghynt, ond dyna fo, gwell hwyr na hwyrach!

Diolch i rai fel Ted Huws, Cemaes a Leslie Lloyd Jones, Caergybi am fod mor amyneddgar efo fi, achos rydw i'n dechrau mwynhau erbyn hyn, a fy nymuniad ydi dal i fynd am dipyn eto, hynny ydi, os bydd yna gapel ar ôl.

Dydi'r arwyddion ddim yn rhy dda gyda nifer yn cau ac eraill yn rhygnu mynd.

Dyma soned a ysgrifennwyd gan Audrey, ac a enillodd wobr gyntaf iddi yng nghystadlaethau Sefydliad y Merched:

Y CAPEL

Bu'r croeso rhwng dy furiau'n gymorth dro,
A'th seddau pîn cerfiedig yn gwahódd
Colledig rai i gwrdd i'w gyntedd O
I dderbyn moddion gras fel caffael rhodd.
Cyrchfan dirifedi cymdeithas fu
Nes dyfod duwiau gan ein newydd fyd,
Gan ddrysu trefn y pethau fel y bu.
Daeth diwedd Seion, aeth pob sain yn fud.
Dewch, dewch yn ôl i blith yr un neu ddau,
Cawn adnewyddu'r seiniau am ryw awr,

Cau allan ddwndwr byd a'i bethau brau
A chydymuno gyda'n gilydd nawr.
Addolwyr selog borthodd wanc y Llan
A'u hach yn gwrthod agor drws y fan.

Heblaw am y ddrama a'r ceffylau, does gen i ddim llawer o
amser i unrhyw hobi arall. Mae llawer wedi gofyn pam na
fuaswn i wedi dechrau chwarae golff. Na, fuo gen i 'rioed
ddiddordeb a dweud y gwir, achos roeddwn yn cael digon o
awyr iach a digon o ymarfer yn fy ngwaith bob dydd, dringo
ar ben toeau ac i fyny ac i lawr yr ysgol lawer gwaith mewn
diwrnod. Fedrwn i ddim meddwl am daro pêl fach wen a
cherdded ar ei hôl hi a chwilio amdani yng nghanol glaswellt
neu eithin trwchus. Cael hyd i'r bêl, a gwneud union yr un
peth eto, ac felly am tua phedair awr. Na, dim diolch, er,
byddaf yn siarad llawer am y gêm efo Terry, fy mab yng
nghyfraith, achos yn 2016, bu'n gapten ar Glwb Porth
Llechog, Amlwch, ac yn mwynhau'r gêm yn fawr iawn.

Ychydig iawn fydda i'n mynd allan i fwyta chwaith,
heblaw am ambell ben-blwydd, ac anaml iawn fydd hynny,
gan mai teulu bach o wyth ydan ni – Audrey a finnau, Meirion
a Jenny, Eirian a Terry a'n dau ŵyr, Gareth a Thomas. Ond
gan fod tair cogyddes ddawnus yn y teulu (Audrey, Eirian a
Jenny), byddwn yn cael gwledd ardderchog gartref, a dydi
Mary Berry a'r boi Hollywood 'na ddim ynddi wrth ochr y tair.
Ond pan fyddwn ni'n mynd allan am bryd i westy neu dŷ
bwyta, bydd Audrey'n fy niarddel yn llwyr pan fyddaf yn
astudio'r fwydlen am hydoedd ac yna'n archebu sosej a mash.

Dyma'r bennod olaf, hyd yn hyn, yn fy mywyd. Tynnaf at
y diwedd gan sylweddoli fod eto lawer o ddigwyddiadau na
soniais amdanynt. Aeth ambell beth yn angof trwy imi fethu
eu cynnwys dan y pennawd cywir, ond does fawr o ddiben

mynd ar eu hôl bellach. Wel, mae'n rhaid rhoi'r gorau iddi yn rhywle'n toes?

Er gwaetha'r tlodi a ddaeth i'm rhan adeg y rhyfel a diwedd y pedwardegau, pe bai rhywun yn gofyn i mi a fusawn i'n dymuno byw yr un bywyd drachefn, fy ateb ar ei ben fuasai, 'Baswn wir.'

Gwnawn un neu ddau beth yn wahanol, efallai. Er enghraifft, fuo fi 'rioed i ben yr Wyddfa, ond byddaf yn gweld y copa bob dydd wrth agor y llenni pan fyddaf yn codi o 'ngwely. Fu'r ysfa i ddringo erioed yn fy ngwaed, er mod i wedi dringo digon yn fy ngwaith bob dydd. Bûm i ben Neuadd y Dref, Llangefni lawer gwaith, ac roedd y fan honno'n llawn ddigon uchel gen i, diolch yn fawr.

Bûm draw i Dŷ Mawr Wybrnant, ond hoffwn hefyd gael golwg ar Bantycelyn, a Llanddowror, a Threfeca.

Byddwn yn teithio mwy hefyd, efallai. Rydw i wedi bod draw i Iwerddon lawer gwaith a be' sy'n braf ydi cael cychwyn o'r tŷ a bod ar fwrdd y llong yng Nghaergybi o fewn rhyw hanner awr, a dyna'r gwyliau wedi dechrau. Byddaf wrth fy modd yn mynd ar wyliau, neu am noson neu ddwy mewn gwesty neu dŷ ffrindiau. Buom yn aros yn nhŷ Robin a Glen yn Graig Ewig, heb fod ymhell o Aberdaron. Mae Audrey a Robin yn hanu o hen deulu Pen Gopa, ac mi fydd Robin yn mynd â ni yn y moto ac yn dangos ambell le diddorol i ni, megis Plas Glyn-y-Weddw, ac olion bwthyn Dic Aberdaron, neu'n hytrach, y plac yn dangos lle bu.

Rydw i wedi bod dros y dŵr i Ffrainc lawer gwaith, Norwy unwaith a hefyd yng Ngwlad Pwyl. Dyna wlad, a phobl ddiddorol, yn enwedig amser Diolchgarwch, sef y cyfnod y buom ni draw yno. Mi ddotiais o weld nifer wedi eu gwisgo mewn dillad traddodiadol ac yn canu a dawnsio ar y sgwâr yn Warsaw. Fasa' fo ddim yn syniad da yn y wlad yma d'wch?

Y profiad mwyaf ysgytwol a gefais yn y wlad oedd ymweld â gwersyll Auschwitz-Birkenau, a'r geiriau 'Arbeit Macht Frei', 'Rhyddid Trwy Waith' uwchben y brif fynedfa. Preswylfa marwolaeth oedd hon, a llond bws ohonom yn hollol fud, pawb ag ofn dweud gair. Cafodd y lle effaith ryfeddol arnom. Roedd pawb yn edrych ymlaen at weld y gwersyll, ond ar ôl cyrraedd dyma sylweddoli nad oedd 'na eiriau i fynegi'r profiad.

Mor fuan â 1945, dechreuodd rhai o'r carcharorion o Wlad Pwyl a oedd wedi goroesi uffern y gwersyll ei agor i'r cyhoedd, er mwyn i deuluoedd y rhai a oedd wedi marw yno gael y cyfle i fynd yno i weddïo neu dalu gwrogaeth i'r rhai a oedd wedi eu llofruddio yno. Mae'r gwersyll bellach yn amgueddfa, gyda miloedd o ymwelwyr bob blwyddyn.

Yr hyn a gafodd yr effaith fwyaf arna i oedd gweld y Mur Coffa gyda miloedd o luniau yr oedd teuluoedd wedi eu gosod arni, i gofio am eu hanwyliaid. Mae'r ffens weiran bigog hefyd yn aros yn y cof. Mae'n ffens ddwbl gyda rhyw ddeg llath rhwng y ddwy ffens. Mae'n ddeg troedfedd o uchder ac yn amgylchynu'r gwersyll – bron yn ddeng milltir o hyd i gyd. A dyna chi'r wal frics, wedyn, gydag olion bwledi arni lle saethwyd nifer o'r rhai a oedd wedi ceisio dianc.

Roedd y tywysydd a oedd yn mynd â ni o amgylch y gwersyll yn llawn emosiwn, yn ei ddagrau bron, wrth egluro fod merch fach ddeg oed ymysg y rhai a fu farw o flaen y mur. Nid y fo oedd yr unig un a oedd yn ddagreuol wrth i ni fynd yn ôl i'r bws.

Er bod yr ymweliad wedi bod yn brofiad ysgytwol, roedd pawb yn falch o fod wedi cael y cyfle i fynd yno. Ond, na, fydda i ddim yn dychwelyd yno.

Fy mraint i oedd cael ysgrifennu'r gyfrol hon ond mae hi ymhell o fod yn ymdrech un person. Fel codi tŷ, gwaith tîm ydi'r cyfan: hel meddyliau efo'r teulu, ffrindiau a chyd-weithwyr. Cyn i hyn o eiriau weld golau dydd, bu Tudur (Huws Jones) a Gwasg y Bwthyn yn niwsans angenrheidiol gyda'u dyfalbarhad a'u perswâd. Ond dyna fo, er i mi gael cramp ysgrifennu bob yn hyn a hyn, mae'n rhaid i mi ddweud fy mod wedi mwynhau'r gwaith yn fawr. Gobeithio'n wir eich bod chithau wedi mwynhau yn yr un modd wrth ddarllen yr hanes.